BIBLIOTHEQUE
DE CAMPAGNE,
EN XXXII. VOLUMES IN-DOUZE;

CONTENANT un Recueil amusant d'Histoires choisies; d'Aventures Tragiques & Galantes; de Mémoires intéressans; de Contes moraux & plaisans; de Romans nouveaux & curieux; de Pieces Philosophiques, politiques & Littéraires; un choix de Poésies Héroïques, Badines, Lyriques & Burlesques, &c. enfin tout ce qu'on a pu rassembler de plus propre à égayer L'ESPRIT ET LE CŒUR.

Tempus ridendi, tempus legendi.

TOME HUITIEME.

A LONDRES, & à PARIS,
Chez CAILLEAU, Imprimeur-Libraire, rue Saint-Severin, vis-à-vis de l'Eglise.

M. DCC. LXXIV.

VOYAGE

EN FRANCE

DE MONSIEUR LE COMTE

DE

FALCKENSTEIN.

(Par Gauthier de Simpré,
d'après Barbier)

VOYAGE EN FRANCE
DE MONSIEUR LE COMTE DE FALCKENSTEIN,

Par M. ***

O Héros ! par le Ciel aux Mortels accordé !
Des véritables Rois exemple auguste & rare !
VOLTAIRE, Œdipe.

TOME PREMIER.

A LONDRES,
Et se trouve à PARIS,

Chez CAILLEAU, Imprimeur-Libraire, rue Saint-Severin, vis-à-vis de l'Eglise.

M. DCC. LXXVIII.

PRÉFACE.

Tout le monde a connu ou entendu parler de M. le Comte de Falckenstein. (*) L'importance attachée à ce nom & à l'auguste Personne qui l'a porté, fait espérer que le Public instruit, & capable d'apprécier les démarches d'un Souverain ennemi du faste & de la frivolité, curieux seulement de découvrir la vérité par-tout où elle se trouve, daignera accueillir cet Ouvrage consacré à la gloire de la Nation & du Prince qui l'est venue visiter. Ce Livre offrira un Tableau historique des particularités du Voyage de M. le Comte de Falckenstein en France. On a élagué de ce détail celles que l'enthousiasme des François pour lui, l'amour de l'extraordinaire, ou ce goût

―――――――――――――

(*) Falckenstein est un Comté d'Allemagne, situé vers les confins de la Lorraine & de l'Alsace : il appartient à l'Empire. L'Empereur François I se le réserva, lors de l'échange de la Lorraine, & par le Traité, qui fut fait en 1735.

PRÉFACE.

pour ce qui porte avec soi un caractére de singularité, ont fait imaginer afin de nous le rendre plus cher, & par conséquent faire regretter davantage. On n'y a avancé aucun fait, dont chacun ne puisse lui-même facilement se procurer la preuve, & dont on n'ait pour garans le Public & les personnes qui ont eu l'honneur de conférer avec M. le Comte de Falckenstein, & chez lesquelles on l'a vu venir plusieurs fois pour s'instruire & éclaircir ses doutes. On a évité encore plus d'insérer dans cet Ouvrage la moindre chose qui ait pour base la flatterie & le faux espoir de plaire ainsi au Prince qui en est l'objet. En se souvenant que ce sont des particularités de la Vie d'un Empereur qu'on va lire, on se souviendra aussi qu'il les a dérobées au grand jour, & qu'elles ne sont arrivées qu'à M. le Comte de Falckenstein, nom que la modestie a fait prendre à Sa Majesté Impériale JOSEPH II, Roi des Romains, Empereur & Co-Régent des Etats d'Autriche, & Frère de notre auguste Reine. C'est cette modestie qui a imposé à l'Auteur l'obligation de ne le représenter qu'en cette première qua-

PRÉFACE.

lité de simple Gentilhomme, & de ne donner d'autre éclat à ses actions que celui qu'il leur a donné lui-même. Son but est d'apprendre aux Peuples qu'un Souverain, descendu de son Trône, a abdiqué, pour ainsi dire, plusieurs fois sa Couronne, & est venu se confondre dans la foule pour y chercher des vérités inaccessibles aux Palais des Rois. C'est ainsi qu'en s'instruisant, il nous a instruit; & ce sont les grandes leçons qu'il vient de nous donner, qu'on entreprend de publier.

Ce Livre renferme tout ce que cet illustre Etranger a fait & dit d'intéressant en France, d'après des mémoires exacts, produits par des personnes dignes de foi. C'est à cette exactitude & fidélité, dont l'Auteur s'est montré jaloux, qu'il faut attribuer la lenteur qu'il semble avoir apportée à la publication d'un Ouvrage si intéressant, auquel on avoit déjà commencé de mettre la première main, avant que M. le Comte de Falckenstein eût quitté la Capitale; publication que des circonstances ont malheureusement encore retardée. Cet Ouvrage contient aussi une description de plusieurs curiosités & principaux Etablissemens, soit de la Capitale, soit des autres Villes du Royaume, tels que Spectacles, Académies, Forts, Citadelles, Arsenaux, &c. que M. le Comte de Falckenstein a visités. On y donne encore une connoissance de plusieurs Savans, Artistes & Amateurs, ainsi que de leurs Ouvrages, Inventions, Expériences, &c. On y a même rassemblé plusieurs événemens arrivés pendant son séjour en France ; en un mot, tout ce qui mérite dans ce Royaume de fixer l'attention d'un Voyageur, à qui cet Ouvrage pourra servir d'Itinéraire ; avantage qui doit balancer celui de connoître toutes les démarches d'un Souverain. Comme on ne s'est proposé principalement que de rendre compte de son séjour en France, on ne doit pas être surpris de trouver peu de détails, depuis sa sortie de Vienne, jusqu'à son entrée en France, & depuis son départ de cette dernière jusqu'à son retour dans ses Etats. Ces particularités ne doivent pas entrer dans le Plan de l'Auteur, à qui d'ailleurs il eût été presqu'impossible de se les procurer.

VOYACE

VOYAGE
EN FRANCE
DE MONSIEUR LE COMTE
DE FALCKENSTEIN.

PREMIERE PARTIE.

RIEN n'est plus intéressant sans doute, & plus rare dans notre siecle, que de voir un jeune Seigneur voyager uniquement pour s'instruire. Mais qu'il l'est encore plus pour une Nation de contempler au milieu de son sein un Souverain étranger, dont l'esprit étoit déjà orné des plus belles connoissances & le cœur accoutumé à des actes de bienfaisance, ne s'occuper qu'à chercher les Arts & des mœurs ; à donner aux premiers des marques de son goût & de sa protection, & à se montrer le modèle des autres, non par vanité, mais par ce penchant inné pour les Sciences, développé par l'étude & fortifié ainsi de jour en jour, par cet amour du bien & de la vertu gravé dans le fond de son cœur, que l'exemple d'un Souverain peut faire aimer & pratiquer par ceux même qui n'ont pas le bonheur de vivre sous ses loix !

Être humain, bienfaisant, ennemi du luxe, protéger les Sciences & les Arts, les cultiver soi-même, chercher la vérité, & n'accueillir que ceux qui parlent son langage. Tels sont les seuls moyens de rendre les Peuples heureux : tels sont les signes certains de la saine Philosophie. C'est avec de pareilles couleurs que j'entreprends de peindre M. le Comte de Falckenstein. Chacun le reconnoît à ces traits : son image est encore peinte à notre mémoire. Les détails que je vais donner de son Voyage n'affoibliront pas l'idée qu'il a gravée dans nos cœurs. Que dis-je ? Ils la soutiendront, la feront croître, & la rendront supérieure à ce portrait.

M. le Comte de Falckenstein avoit déjà parcouru toute l'Italie, non en simple curieux, mais en observateur judicieux. Il avoit vu ce qu'elle offre de plus rare dans tous les genres. Mais il ne lui suffisoit pas d'avoir admiré les chef-d'œuvres des Michel Ange, des Raphaël, &c. D'avoir étudié auparavant dans l'Histoire les mœurs & les talens des anciens Peuples, observé par lui-même ceux de sa Nation; il lui falloit, pour mieux connoître les hommes, discerner leurs vices d'avec leurs vertus, voir leurs progrès dans les Arts & dans les

Sciences, les juger par comparaison des uns aux autres. C'est ce qui le détermina à faire différens voyages, & en entreprendre un en France où les mœurs passent pour être les plus polies de celles de tous les Peuples du Monde, & où les Arts sont en honneur depuis tant de siècles, & montés aujourd'hui au plus haut degré de perfection. Son desir de visiter nos Villes, nos Ports, nos Chantiers, nos Arsenaux, nos Académies, nos Atteliers, nos Tribunaux, pour connoître nos usages, nos Loix, nos talens, étoit aussi vif que le nôtre de voir parmi nous un Prince allié depuis long-tems à l'Auguste Maison de Bourbon, qui dès le dixieme siècle gouverne notre Monarchie ; un Prince jeune encore, dont les vertus avoient déjà étonné les quatre parties du Monde. Notre espoir de le voir a été souvent trompé ; & c'est ce qui nous l'a fait desirer davantage. Mais rien enfin n'étoit plus certain que son Voyage : en voici les circonstances.

M. le Comte de Falckenstein partit de Vienne le matin du premier Avril 1777, n'ayant pour toute suite qu'environ trente chevaux. Ce fut avec le dessein de faire un petit séjour dans les Villes principales de son passage, & de ne prendre d'autre gîte que les Hôtelleries, pour sa plus grande commodité, & afin d'éviter toute espèce de cérémonial. Il s'arrêta deux jours à Munick, ville du Duché de Baviere où l'Electeur de ce nom fait sa résidence, & eut l'honneur de le recevoir. Le 7 il arriva vers les quatre heures du soir à Stutgard dans la Souabe, ville dépendante du Duché de Wirtemberg, & alla prendre son logement à l'Auberge du Cavalier. Quelque tems après il alla visiter le bâtiment de l'Ecole-Militaire. Le Duc de Wirtemberg l'y reçut. Après avoir parcouru les salles des Elèves, & admiré le bon ordre qui y regnoit, le Comte de Falckenstein daigna voir ces enfans à table, & retourna après leur souper à son logement.

Le Duc se rendit le lendemain au quartier de M. le Comte de Falckenstein qu'il accompagna à pied dans les rues pour lui faire voir ce qu'il y avoit de remarquable dans la Ville. Le dîner fut servi à la Solitude, d'où M. le Comte de Falckenstein revint pour assister à un Opéra que représenterent les Elèves de l'Ecole Militaire. Quand l'Opéra fut fini, M. le Comte de Falckenstein prit congé du Duc, & se remit en route vers les dix heures du soir. Le Duc qui avoit fait préparer secrètement une voiture de voyage, y monta avec M. de Schenek son grand Ecuyer, & se trouva sur les frontieres de ses Etats, au moment où M. le Comte de Falckenstein alloit les quitter, pour faire de nouveau sa révérence à cet illustre Voyageur.

Le surlendemain 9, le Comte de Falckenstein arriva à Rastadt, & descendit à l'Auberge où s'arrêtent ordinairement les Courriers. Il y trouva la Margrave, Douairiere de Baden; & peu après le Margrave, accompagné du Prince héréditaire & de son frere le Prince Louis-Guillaume, se rendit avec le Baron d'Eldesheim dans son appartement. M. le Comte de Falckenstein ne s'entretint avec eux que le tems qu'il fallut pour changer les relais, & une demi-heure après continua sa route. Le même jour il se trouva sur les frontieres de France, & arriva à Strasbourg entre les cinq & six heures du soir.

Trois voitures attelées chacune de six chevaux, composoient tout le train de M. le Comte de Falckenstein. Ces voitures sont des especes de chaises ouvertes à l'allemande à quatre roues, ou, si l'on veut, des chariots d'Hongrie, de la plus grande simplicité. Elles exposent le voyageur à toutes les intempéries de l'air : elles ont un large siege sur le devant pour deux domestiques, un panier en dessous, un autre en arrière, destinés tous les deux à porter les bagages, soit un petit attirail de cuisine, & tout ce qui compose les garderobes & le coucher. Celui de M. le Comte de Falckenstein, consiste en un oreiller de crin & une paillasse qu'on remplit tous les soirs de paille fraîche d'avoine. Après l'avoir étendue sur les matelats du lit qui sont à terre, on met dessus une grande peau d'ours ou d'élan, sur laquelle on étend deux draps avec une couverture de peau, souvent un simple manteau fait l'office de cette derniere. L'usage de ce lit est une habitude que M. le Comte de Falckenstein a contractée dans les Pays chauds & dont il se trouve bien : tel est son coucher. Quant à sa table, elle est très-frugale ; on n'y sert jamais que huit plats. M. le Comte de Falckenstein ne boit ni vin ni liqueur, prend quelquefois du café, mais jamais à l'eau; ne foupe pas ou très-peu.

Aucune marque le diftingue dans fon extérieur lorfqu'il voyage. Il porte un habit tout uni, quelquefois avec des boutons d'acier, un chapeau à l'allemande auffi uni, des bottes, la queue ou bien une petite bourfe en forme de crapaud; en un mot tout fon extérieur eft d'une extrême fimplicité.

Il a une phyfionomie douce, l'air noble; fes cheveux font châtains; fa taille eft de cinq pieds 4 à 5 pouces. Mais ce qui le fait parfaitement connoître, c'eft la maniere affable & polie avec laquelle il prévient chaque perfonne qu'il rencontre fur fon paffage. Il poffede différentes Langues, mais principalement celles de fon Pays, qui eft l'Allemande, l'Italienne & la Françoife; il s'exprime dans cette derniere avec autant de facilité & de juftefle qu'un National.

Strasbourg situé au confluent des rivieres d'Ill & de Brusk, à une petite distance de la rive gauche du Rhin & la Capitale de toute l'Alsace, appartenoit autrefois à l'Empire; mais depuis 1681, elle est sous la domination du Roi de France. Sitôt après l'arrivée de M. le Comte de Falckenstein dans cette Ville, le Marquis de Vogué, Commandant dans la Province, alla prendre ses ordres, & l'accompagna le lendemain & les jours suivans pour lui faire voir les fortifications de la Place & de la Citadelle, l'Arsenal, ses Chantiers, ses Atteliers, les Casernes, l'Hôpital Militaire, celui de la Ville & des Enfans Trouvés.

Tout le contour de cette Ville est défendu par une multitude d'ouvrages entourés de fossés. Ces fossés étoient autrefois marécageux, & répandoient de fort mauvaises exhalaisons. Depuis quelques années on les a relevés & desséchés, & par le changement qu'on y a fait, l'air a été purifié.

La Citadelle défend la Ville du côté du Levant. Cette Citadelle est un pentagone régulier, construit à la maniere du Maréchal de Vauban. Elle fut commencée en 1682, & achevée en 1683. Elle est composée de cinq bastions & d'autant de demi-lunes. Le bastion du côté du Rhin est couvert par un grand ouvrage à corne, à la tête duquel est une demi-lune, le tout bien revêtu & entouré d'un fossé plein d'eau, dans lequel on peut jetter toute la riviere d'Ill par le moyen d'une écluse. Le chemin couvert, entouré aussi de son côté, communique avec le chemin couvert de la Ville. Le fossé de la Citadelle communique de même avec celui de la Ville. Dans l'avant-fossé de la Citadelle, au-delà du glacis, à la tête de l'ouvrage à corne, sont placées trois redoutes qui forment une espece d'ouvrage à consonne, le tout enveloppé d'un fossé & d'un chemin couvert dont le glacis s'étend jusqu'au bord du Rhin.

Outre cette Citadelle, il y a encore deux Forts qui défendent la Ville. L'un qui eſt vers l'Occident & près de la Porte blanche, ſe nomme le *Fort blanc*. On appelle l'autre le *Fort de Pierre*, du nom de la Porte près de laquelle il eſt ſitué. Les Caſernes ſont réparties aux extrémités de la Ville.

M. le Comte de Falckenſtein alla le lendemain de ſon arrivée à la Parade ſur la Place d'armes, & y vit défiler une partie des Troupes de la Garniſon. Il viſita la Cathédrale dont on remarque l'architecture & la hauteur de la Tour. Son Chapitre eſt le plus illuſtre de la Chrétienté par la nobleſſe de ſes Membres. Le ſoir il aſſiſta dans la Salle ordinaire des Spectacles, à une repréſentation du *Barbier de Séville*, Comédie de la compoſition de M. de Beaumarchais. On y donna une autre Piece, dont le titre eſt la *Fauſſe Magie*, de la compoſition de M. *Marmontel*. M. le Comte de Falckenſtein alla auſſi voir dans l'Eglise Luthérienne de Saint Thomas, le Mausolée du Maréchal de Saxe, où le Corps de cet illustre Guerrier a été transporté. Ce monument est placé dans le fond du Chœur, à l'instar d'un Maître Autel.

Quoique tout Paris l'ait admiré pendant plusieurs années dans l'attelier du fameux Artiste (*), dont le ciseau contribuera autant à immortaliser ce grand Général que ses belles-actions, je pense qu'on ne sera pas fâché d'en trouver ici la description, sur-tout à cause des changemens qui y ont été faits depuis, & que les circonstances ont rendus nécessaires.

Le Héros est le premier objet qui frappe les regards. Au bas d'une pyramide de marbre noir, contre laquelle est appuyé le sarcophage, paroît le Maréchal de Saxe sous l'armure guerriere, la tête ceinte de laurier & le Bâton de commandement à la main,

_____

(*) M. Pigale, Sculpteur, Chevalier de l'Ordre du Roi.

descendant d'un pas intrépide les marches d'un gradin qui conduit au Tombeau, & regardant la Mort avec mépris. A sa droite, on voit dans l'attitude de la déroute & l'épouvante, les animaux symboliques des trois Nations alliées, dont il triompha dans les Guerres de Flandres, & leurs Enseignes brisées : sçavoir, pour l'Angleterre, le Léopard qui est tout-à-fait renversé, les Anglois ayant été les plus maltraités ; pour la Hollande, le Lion qui fuit, les Hollandois n'ayant fait que se présenter & disparoître tout-à-coup à l'aspect du Maréchal ; & pour l'Empire, l'Aigle qui est effrayée de toutes les Victoires de ce Héros. Au dessus des drapeaux des Ennemis rompus, paroissent ceux de la France élevés & victorieux. A la gauche du Maréchal est l'Amour caractérisé par un enfant tout en pleurs qui renverse & éteint son flambeau.

Au dessous du Maréchal & sur les

degrés, paroît la France, figure touchante, noble, intéressante, pleine d'expression & de grace. D'une main elle s'efforce de retenir le Maréchal, & de l'autre de repousser la Mort. Celle-ci, dont le squelette est caché sous une ample drapperie, est à la gauche du Tombeau. Le clepsyde à la main, elle annonce au Héros que ses momens sont écoulés : elle appelle son illustre Victime, & la presse d'entrer dans le Tombeau qu'elle tient ouvert. De l'autre côté du sarcophage, est une figure d'Hercule, dont la douleur mâle & profonde fait un contr... admirable avec la douleur vive, ... mée & plus ressentie de la France. Au dessous du sarcophage on voit les Armes du Maréchal traversées de deux Bâtons de commandement, & ornées du Collier de l'Ordre de l'Aigle blanc de Pologne. On lit sur la face antérieure de la Pyramide cette Inscription latine :

MAURITIO A SAXONIA COMITI, Curlandiæ & Semigalliæ Duci, Regiorum Castrorum &

exercituum Marefcallo Generali ubique victori: LUDOVICUS XV, *victoriarum auctor*, Dux, *teft.*, H. M. P. L. *Obiit Camboriti, 30 Nov. Ann. falutis* M. DCC. L. *ætatis* LV.

Ce Maufolée fait aujourd'hui le plus bel ornement de la ville de Strasbourg qui fe glorifie de le poffeder. M. le Comte fut frappé de la grandeur de ce Chef-d'œuvre, qui eft moins un monument funèbre qu'un trophée de gloire. Il l'examina avec beaucoup d'attention.

M. le Comte de Falckenftein voulut manger à l'Auberge, & y mangea feul pendant tout fon féjour à Strasbourg. Il en partit le 11 entre deux & trois heures après midi, & alla coucher à Phaltzbourg.

Il arriva à Nancy le 12, vers les cinq heures du foir. A fon entrée dans la Ville, on commença à crier : *Vive l'Empereur !* M. le Comte de Falckenftein voulut avec douceur impofer filence à la multitude, qu'il fallut faire retirer. Nancy eft fitué dans une plaine agréable & fertile, & aux pieds d'une montagne à quatre lieues de Toul. Elle est divisée en vieille Ville & Ville neuve. Sa Cour souveraine a depuis quelque tems la dénomination de Parlement, & jouit des mêmes droits & priviléges que tous ceux du Royaume.

M. le Comte de Falckenstein alla le lendemain Dimanche entendre la Messe dans l'Eglise des Cordeliers. René II fit bâtir cette Eglise en 1484, & y choisit sa sépulture. M. le Comte de Falckenstein visita le Mausolée du Cardinal Charles de Lorraine, qui est très-beau ; il est de Drouin. Il visita aussi la Rotonde qui est une Chapelle de cette Eglise, où sont renfermés les Tombeaux d'un grand nombre de Princes & Princesses de la Maison de Lorraine. Elle a été ornée avec beaucoup de magnificence par les ordres de l'Empereur François I. Auprès de la porte de cette Chapelle on voit le Tombeau de Claude Israël.

Après la Messe, M. le Comte de Falckenstein visita la Citadelle dont les fortifications, quoique peu anciennes, sont bien entretenues. Elle a environ 180 toises de longueur, y compris les deux grands bastions qui la flanquent. Sa largeur est moindre de moitié, & encore, dans cet intervalle, elle est divisée par un assez large fossé. Outre ce fossé entre deux, il y en a un autre entre la Ville vieille & cette seconde partie de la Citadelle.

M. le Comte de Falckenstein visita aussi le Corps des Casernes, l'Hôpital Militaire, celui de S. Charles. Il assista à la Parade de la Garnison, & partit le même jour à deux heures. On assure qu'il abregea son séjour dans cette Ville, & qu'il en sortit rapidement, sçachant que les Habitans se disposoient à faire le soir des illuminations, & à tendre le lendemain les rues.

Il passa par Toul, & alla coucher

ce soir-là à Metz qui n'est éloigné que de neuf lieues de Nancy. Il trouva à la porte de la Capitale du Pays-Messin le Piquet de la Cavalerie qui le conduisit à son Auberge. En descendant de sa voiture on lui presenta M. de Vertaud, Maréchal-de-Camp, Commandant à Metz, & l'Etat-Major de la Place, qui lui demanderent ses ordres. Il leur dit : *Messieurs, demain je serai à vous toute la journée, & je verrai tout ce qu'il vous plaira de me montrer. Je ne suis point pressé ; je ne vous quitterai qu'après avoir tout vu.* L'Evêque & les Chefs de différens Corps allerent aussi dans le même moment lui offrir leurs services, dont il les remercia.

La ville de Metz est situées au confluent de la Seille & de la Moselle, partie dans un fonds & partie sur une montagne. Cette derniere Riviere environne la Ville à l'Occident & au Nord. Une digue de pierres, longue de 160 toises, détourne le cours de cette Riviere, & la partage en deux canaux, dont l'un baigne les murailles de la Ville & l'autre entre dedans, où les eaux font retenues par les éclufes. C'eft au Maréchal Duc de Belle-Ifle, qui étoit Gouverneur de Metz, que cette Ville doit fes ornemens & embelliffemens. Il y fit ajouter diverfes pieces de fortifications qu'il jugea néceffaires à fa défenfe.

Le lendemain de fon arrivée dans cette Ville, M. le Comte de Falckenftein fe promenoit feul & dès fix heures du matin fur les remparts. A neuf heures, il monta dans un remife, n'ayant pas voulu accepter la voiture de l'Evèque, qui fut pendant les deux jours de fon féjour toujours à fa porte, & fervit à l'Etat-Major à qui il avoit permis de l'accompagner. Il vifita d'abord le Quartier de la Cavalerie, entra dans les chambres & même dans les écuries, examina tout avec la plus grande attention, & prit connoissance des moindres détails. Il voulut connoître comment les chevaux étoient nourris, & quelle quantité de foin & d'avoine on leur donnoit. Il s'entretint beaucoup avec le Lieutenant - Colonel de Noailles, M. de Villereau, Officier très-distingué. Il alla ensuite voir sur la Place d'armes la Garde en parade, par une pluie abondante, sans avoir même un manteau ni un parapluie, & sans permettre qu'on lui en mît un sur la tête, disant : qu'il étoit *de la même pâte que les Troupes qui se mouilloient.* Il ne cessa cependant de faire des excuses aux Officiers qui l'accompagnoient, d'être la cause de ce que la pluie les incommodoit.

M. le Comte de Falckenstein visita dans la même matinée l'Hôpital Militaire, dont la beauté de l'édifice répond à l'ordre & à la propreté qui regnent dans cet asyle. Il entra dans toutes les falles, même dans celle des Galériens, auxquels il donna des marques de la plus grande humanité, en leur adreffant la parole, & trouvant leurs chaînes trop pefantes. Le fpectacle des malades & des moribonds ne fut pas capable de le dégoûter. Il prit part au fort d'un chacun, s'informa même de leur état par le Chirurgien Major & le Médecin, avec lefquels il s'entrètint long-tems de chofes relatives à leur profeffion, & leur parla Anatomie en termes de l'Art. Mais ce qui lui fit beaucoup de plaifir & excita fa furprife, ce fut de ne voir dans cet Hôpital qu'un petit nombre de perfonnes attaquées de la maladie Vénérienne, fur-tout dans une Ville où il y avoit une fi forte Garnifon. Sur ce qu'on lui répondit, que précédemment il y en avoit davantage; mais que le nombre étoit diminué depuis que l'on traitoit les filles infectées de cette contagion, & que l'on arrêtoit dans les Casernes & autres lieux; il applaudit à cet établissement, & chargea son Médecin de prendre les détails de cette administration. A ce sujet, M. le Comte de Falckenstein raconta que les *Croates* ayant toujours été en Quartier dans des Villages où ce vice n'avoit pas encore pénétré, & où les femmes étoient saines, n'avoient nulle connoissance de cette maladie; mais qu'ayant été nécessaire de les mettre en Garnison à Vienne ou dans les environs, ils avoient cru pouvoir se livrer avec la même confiance; qu'ayant été trompés, & se trouvant empestés, ils pleuroient comme des enfans, & ne pouvoient revenir de ce qu'un instant de plaisir pût causer de si grands regrets.

Ce caractere de bienfaisance & d'humanité de M. le Comte de Falckenstein le fit entrer dans les cachots des Galériens qu'il questionna avec beaucoup de douceur, en prenant part à leurs maux. Parmi ceux qu'il vit à la chaîne, il y en eut un qui lui dit, qu'il étoit réduit à cet état pour avoir voulu le fervir, donnant à comprendre qu'il avoit déferté. On affure que M. le Comte de Falckenftein promit de s'intéreffer pour fa liberté.

Les Etabliffemens Militaires de cette Ville parurent fixer principalement fa curiofité. L'après-midi il alla voir l'Arfenal qui eft très-beau ; il renferme différens magafins pour l'Artillerie, & d'autres pour les vivres, que M. le Comte vifita. Les Chefs de l'Artillerie lui firent voir tout le méchanifme de leur travail. Il parcourut les différens atteliers, les foyers & la charonnerie dont il parut fatisfait. Il parla de tout avec la plus grande connoiffance & une profonde fagacité, faifant des comparaifons avec ce qu'il avoit déjà vu en ce genre. L'Officier qui le conduifit eft un homme du premier mérite dans cette partie. C'eft lui qui a fait
exécuter

exécuter sous ses yeux tout le système de M. Gribeauval, dont l'éloge fit partie de l'entretien que M. le Comte de Falckenstein eut avec lui. M. Gribeauval est encore, dit-on, fort regretté à Vienne. En parlant de la quantité de canons qu'il y avoit dans la Place, M. le Comte de Falckenstein dit, en s'adressant aux Officiers d'Artillerie: *Nous en avons autant, & je crois, qu'avec le tems, nous en aurons en aussi grand nombre que de Soldats. Au reste, il y aura à gagner dans cela pour l'Humanité; car, comme cette partie est fort chere, les Princes y regarderont deux fois avant de se faire la Guerre; car, Messieurs, vous êtes excellens, mais très-chers.*

Il alla voir aussi les Casernes, entra dans les chambres des Soldats, visita les lits, les draps, & goûta même de leur pain qu'il se fit apporter; &, comme la pluie continuoit, il voulut que les Soldats se missent à couvert.

Les Casernes sont distribuées dans différens corps de bâtimens isolés des uns des autres, & situés sur les bords de la riviere de Seille & de la Moselle.

Le lendemain 14, M. le Comte de Falckenstein se transporta à huit heures du matin au Poligone, pour voir tirer du canon de campagne à 300, 400, 450 toises. Tous les blancs qu'on avoit formé en places peintes en Soldats sur vingt de front, furent abattus. Il vit, avec le plus grand étonnement & dans l'admiration, la justesse & la célérité des manœuvres de cet exercice. A midi, la Garnison défila devant lui sur la Place, trois cent Hommes par bataillons, avec les Drapeaux, & trois cent chevaux, Cavalerie - Dragon, par Régiment, avec les étendarts. Il parut également satisfait de la beauté de la Troupe que de son entretien, & le témoigna aux Chefs.

Il alla ensuite visiter la Citadelle qui est

fort ancienne. Elle fut commencée sous le regne de Charles IX. La beauté de la construction de cette Place, ainsi que la longueur & la profondeur de ses fossés, prouve combien on estimoit alors cette Ville. Elle est située à une de ses extrémités au midi & à la droite de la Mozelle qui baigne un des longs côtés de cette Citadelle, laquelle se trouve enfermée par une vieille muraille garnie de Tours. C'est un quarré long, assez régulier, fortifié de quatre bastions. M. le Maréchal de Vauban couvrit le front du côté de la campagne, d'un grand ouvrage à corne, retranché d'une demi-lune. Le côté de la Ville a une demi-lune pour couvrir la porte. Le tout est entouré, tant de ce côté que de celui de la campagne, d'un fossé & d'un chemin couvert avec son glacis. Le côté de la Ville est séparé par une Esplanade à laquelle est joint un Jardin public nommé de *Bouffler*. A gauche en entrant, on voit dans cette Citadelle un corps de Caſernes aſſez ſpacieuſes pour loger douze Bataillons.

Ce meme jour, M. le Comte de Falckenſtein viſita tous les Hôpitaux de la Ville, qui ſe reſſentirent de ſes largeſſes. Il ne craignit pas d'entrer même dans la ſalle des Fiévreuſes, en diſant : que depuis qu'il avoit été dans un Pays où étoit la peſte, il ne craignoit plus la contagion. Il goûta auſſi dans ces différentes Maiſons de charité, le bouillon, le pain, le vin ; & parut très-content de la maniere dont les malades y étoient traités.

M. le Comte de Falckenſtein, pendant ſon ſéjour à Metz, fit une viſite à Madame de Choiſeul, Abbeſſe du Chapitre de Saint-Louis. Tout ſon Chapitre s'étoit raſſemblé chez elle, avec quelques Officiers de la Garniſon. Cette viſite dura une demi-heure, M. le Comte de Falckenſtein y exigea que tout le monde fut aſſis, en diſant que c'étoit une facilité indispensable à donner, lorsqu'on vouloit jouir de la société. Tant d'affabilité, d'autres vertus & qualités personnelles, exciterent l'admiration des Habitans de cette Ville, qui, malgré les pluies continuelles, montrerent le plus grand empressement à suivre ses traces.

M. le Comte de Falckenstein, partit de Metz le 15 au matin, & dirigea sa route vers la Picardie. En parcourant cette Province, il visita le Canal de ce nom; monument aussi utile que magnifique, & qui prouve le génie de la Nation qui l'a fait construire, & bien digne d'avoir excité l'admiration de notre illustre Etranger.

Il arriva à Paris le 18 avant midi, & alla descendre au petit Luxembourg, à l'Hôtel du Comte de Mercy, Ambassadeur de Leurs Majestés Impériales. Sa suite & ses équipages allerent loger à l'Hôtel de Treville, situé dans la rue de Tournon. Ce fut à cet Hôtel que

M. le Comte de Falckenſtein prit tous ſes repas pendant ſon ſéjour dans la Capitale de la France. Le ſeul jour de ſon arrivée, il dîna chez le Comte de Merci.

Le lendemain 19, M. le Comte de Falckenſtein ſe rendit le matin à Verſailles, chez Leurs Majeſtés. La Reine le conduiſit enſuite chez les Princes & Princeſſes de la Famille Royale. Dans la même matinée, il alla viſiter les Miniſtres. Le Comte de Merci étant malade, il ſe fit accompagner par le Général Marquis de Belgiojozo. Ce Seigneur, ainſi que le Général Comte de Coloredo, & le Comte de Kobenzel, Conſeiller Intime de Sa Majeſté Impériale, viſiterent pendant ſon ſéjour dans la Capitale tout ce qu'elle offre de plus curieux & intéreſſant. Je ſuivrai leur marche autant qu'il me ſera poſſible. Je ne m'aſtreindrai cependant pas à l'ordre des dates, dont je citerai ſeulement celles qui ſe peuvent lier avec les sujets que je traiterai séparément.

Paris est un théâtre où l'on voit briller tous les talens & toutes les richesses. Là se réunissent les grands vices & les grandes vertus, comme tous les rayons d'un cercle tendent à son centre. Ce concours prodigieux de Citoyens de toutes les Provinces, & même des Etrangers du Royaume, qui se renouvelle sans cesse à Paris, est l'origine de tout ce qui s'y entreprend. Si le beau & le grand dominent dans la Capitale, c'est par l'effet de l'esprit de ses Habitans que le goût de la frivolité ne maîtrise pas toujours, & qui aiment à s'instruire. Paris a sçu encore mettre à profit les connoissances que les Nations étrangeres viennent déposer dans son sein. Cette Ville est devenue une pépiniere d'Hommes célebres en tout genre. Elle renferme les plus beaux monumens qui le disputent à ceux de Rome ancienne & moderne. Et c'est ainsi que la France doit passer pour un Royaume des plus curieux à voir, & les François pour un des Peuples les plus éclairés.

Nos Temples & ces Asyles de l'Humanité souffrante furent les premiers objets qui fixerent l'attention de M. le Comte de Falckenstein ; c'est ce qui fait l'éloge de son cœur. Nos Eglises ne tiennent pas sans doute le premier rang parmi les monumens de ce genre, soit pour la beauté des édifices, soit pour la richesse des ornemens. Celles de l'Italie ont la supériorité sur toutes celles du Monde chrétien. Il y en a cependant en France qui, sans jouir de cette prééminence, sont dignes d'exciter la curiosité. Parmi celles qu'on distingue à Paris, M. le Comte de Falckenstein a vu successivement celles de Notre-Dame, de S. Sulpice, de S. Roch, des Carmelites du fauxbourg S. Jacques, des Invalides. La premiere remarquable, par son Portail gothique

& ses Tours élevées, d'où l'on découvre tout Paris & ses environs, offre encore intérieurement des beautés en tout genre. La hardiesse de la voûte de la Nef du milieu, la boiserie du Chœur, la quantité des Tableaux qui tapissent toute l'Eglise, ouvrages des plus habiles Maîtres, tels que Jean Jouvenet, Antoine Coypel, Louis Boulogne, Charles Lebrun, Eustache le Sueur, Philippe Champagne; les figures de bronze qui entourent le Sanctuaire: la Chapelle de la Vierge qui est derriere le Maître-Autel, où l'on voit une descente de Croix, chef-d'œuvre de l'Art, de Nicolas Coustou; les Statues de marbre de Louis XIII & Louis XIV qui sont de chaque côté ; le Trésor de la Sacristie, la richesse des ornemens & des Chapelles, ainsi que divers monumens qu'il seroit trop long de décrire, & dont chacun connoît le détail, ont intéressé M. le Comte de Falckenstein. Mais ce qu'il ne faut pas passer sous silence est un nouveau Mausolée qui n'est pas achevé. On le voit dans la Chapelle de la Maison d'Harcourt. Il est élevé à la Mémoire du Feu Comte d'Harcourt. On y reconnoît le ciseau du Phidias de notre siecle, (M. Pigale) : en voici la description.

Au bas d'une pyramide sur laquelle on lit une inscription latine, on voit le Tombeau du Comte d'Harcourt. L'Ange tutelaire leve d'une main la pierre de ce Tombeau ; de l'autre il tient un flambeau. Le Comte, à la chaleur de ce flambeau, semble avoir pris un instant de vie, & se débarrasser de ses linceuils : il fait des efforts pour tendre une foible main à son Epouse.

La Comtesse d'Harcourt l'appercevant, va pour aller à lui ; & voyant la Mort qui est derriere le Comte, & qui lui montre par son sable qu'elle est à son dernier moment, elle franchit l'espace qui se trouve entr'elle & le Tombeau ; & marchant avec précipitation sur les drapeaux pour aller se réunir à son Epoux, elle exprime par son attitude & ses regards, que le moment de sa réunion avec lui est le comble de ses desirs. L'Ange tutelaire à cette vue éteint son flambeau.

Il ne manque que la figure de Madame d'Harcourt & les drapeaux qui ne sont encore qu'en plâtre, à ce monument, d'autant plus beau, qu'il est conforme à la vérité. Tout le monde a entendu parler de la tendresse qui a uni ces deux Epoux. La Veuve de l'un exprime tous les jours, par les larmes qu'elle répand sur sa tombe, le regret de l'avoir perdu, & le desir de se réunir à lui. C'est un des plus beaux spectacles, qui doit sur-tout exciter notre admiration, parce qu'il est rare.

M. le Comte de Falckenstein visita fort rapidement ce Temple superbe, à cause de la foule qui commençoit à le presser. Il y avoit été reçu à la porte

B vj

par M. de Tudert, Doyen du Chapitre, qui lui préfenta l'Eau-benite.

Je n'entrerai point dans le détail des beautés de Saint-Sulpice. Elles font trop connues. On met tout en œuvre dans ce moment pour en faire le plus beau Temple de cette Capitale. On perfectionne fon fuperbe portail, auquel il ne reftera d'autre défaut que d'être caché par le Séminaire : on éleve des Chapelles extérieures fous le portique : on conftruit un Orgue : on répare la Chapelle de la Vierge qui fe trouve derriere le Chœur. Déjà l'ouvrage eft fort avancé, & l'on peut admirer dans cette derniere une Statue de marbre de la Vierge de 7 pieds de proportion, faite par le même fieur Pigale. Tout ce qui concerne les nouveaux ornemens de ce magnifique édifice, eft confié aux foins des plus habiles Artiftes.

Saint-Roch eft encore une de ces Eglifes bien dignes d'exciter la curiosité des Etrangers. On remarque sur toutes choses son vaisseau, la Chaire, divers Tableaux, une perspective au bas de la Nef du milieu & dessous l'Orgue, qui passe pour une des meilleures de la Capitale, d'où l'on voit, à l'autre extrémité & au lointain, un Christ sur un troisieme Autel derriere celui du Chœur.

L'Eglise des Carmélites de la rue Saint-Jacques, est remarquable par le nombre & la beauté des Tableaux. On admire un Crucifix peint sur la voûte par Philippe Champagne. Presque toutes les peintures de cette Eglise sont de lui ou de Charles Lebrun, & en ornent toutes les Chapelles. On distingue cependant celle où se trouve la figure en marbre du Cardinal de Berulle, où l'on voit le Tableau de la Magdeleine, chef-d'œuvre de Lebrun, un des plus beaux morceaux de ce genre, soit pour la vivacité des couleurs, soit pour l'expression de la figure : la Sacristie renferme les choses les plus précieuses.

Le vaisseau de l'Eglise de Saint-Eustache, le Portail de Saint-Gervais sont encore des objets de curiosité. Ce dernier sur-tout, où l'on voit trois rangs de colonnes de trois différens ordres d'architecture, est un morceau très-régulier.

Mais rien cependant n'est plus digne d'admiration que le Dôme de l'Eglise de l'Hôtel des Invalides. Ce chef-d'œuvre a frappé avec raison M. le Comte de Falckenstein. Il l'a trouvé digne de la magnificence d'un grand Roi, par l'ordre duquel il a été exécuté. C'est en voyant de pareils ouvrages qu'on peut juger du goût du siecle & de la grandeur de Louis XIV.

Le 4 Mai, le Comte de Falckenstein se rendit au Val-de-Grace, Abbaye Royale, monument de la piété & de la magnificence d'Anne d'Autriche, Epouse de Louis XIII. Il y entendit la Messe. Les Religieuses de cette Abbaye, qui suivent la Regle de la Réforme de S. Benoît, avoient été prévenues de son arrivée; elles voulurent lui rendre tous les honneurs dus à sa personne, & comme à un Prince de l'Auguste Maison de leur Fondatrice. Mais il se contenta de prendre une chaise. Après la Messe on ouvrit toutes les grilles du Chœur, & M. le Comte de Falckenstein s'approcha de Madame Duquesnoy, Abbesse de ce Couvent, qui lui adressa un compliment au nom & à la tête de la Communauté, dont elle lui offrit les hommages. La modestie de M. le Comte de Falckenstein interrompit cette Dame aussi respectable par sa naissance que par ses vertus. Elle lui présenta ensuite les Plans & Dessins de la façade de l'Eglise dont la vue est sur la rue Saint-Jacques, & celle de la Maison qui donne sur le jardin, tracés sur un satin blanc. Le Comte de Falckeinstein ne les accepta qu'après quelques difficultés, dans l'ignorance de ce que c'étoit, comme s'étant fait une loi de ne rien recevoir dans ſes voyages. Ces mêmes Plans avoient été offerts à Anne d'Autriche. C'eſt de cette pieuſe Reine que cette Abbaye tient ſa grandeur & tout ce qu'elle poſſede. On ſçait qu'elle l'affectionna beaucoup, & l'édifia par ſes exemples dans les différentes retraites qu'elle y faiſoit. La Sacriſtie eſt très-riche : elle renferme les ornemens & les vaſes les plus précieux. M. le Comte de Falckenſtein ne voulut pas la voir, le tems ne lui permettant pas de s'arrêter davantage, comme auſſi de viſiter l'intérieur de la Maiſon qui eſt auſſi magnifique que l'extérieur. Les Religieuſes n'eurent ainſi l'avantage de ne poſſéder que quelques inſtans un illuſtre Etranger qui ſait tout allier avec ſa grandeur, & dont la viſite ſera pour elles une époque honorable, & fixera à jamais leur reconnoiſſance.

De pareils monumens étoient bien capables d'intéresser la curiosité de notre illustre Voyageur, bon Juge principalement en cette partie, dont il avoit pris une parfaite connoissance dans le Pays qui a produit les plus beaux ouvrages en ce genre. Mais son amour de l'Humanité lui a fait détourner les yeux de ces objets qui les charment & éblouissent pour le porter sur des tableaux affligeans. C'est ce qui l'engagea à visiter nos Hôpitaux. Le premier qu'il vit & qui est le plus considérable établissement de ce genre par le nombre des malades qu'on y reçoit, c'est l'Hôtel-Dieu. Le cœur de M. le Comte de Falckenstein s'ouvrit à la vue de cette multitude d'infortunés entassés les uns sur les autres ; & on n'a pas de peine à se le persuader, lorsqu'on en voit quatre & même six dans un seul lit. Cet inconvénient subsiste depuis un tems immémorial. Les malades se trouvent ainsi pêle & mêle, si l'on en excepte les femmes en couche, ceux qui font attaqués de la petite-vérole, & quelques particuliers privilégiés à chacun desquels on donne un lit féparément. Cet abus, qui révolte l'humanité, eft augmenté depuis l'incendie arrivée à la fin de Décembre 1771, qui dura trois jours & confuma une partie de cet afyle, déjà trop étroit. Ceux à qui nos peres ont affuré ce refuge, l'abhorrent, & n'y entrent qu'à leurs corps défendans. On a préfenté inutilement des plans économes pour la conftruction d'un nouvel Hôpital, dans un lieu plus commode & plus fpacieux. Cependant d'honnêtes Citoyens s'abreuvent encore des eaux empoifonnées de la riviere, où l'on lave le linge des malades, & qui fert d'égoût à l'Hôtel-Dieu. Les ruines de l'Edifice font réparées ; & déjà on voit élever de nouveaux murs dans le même efpace de terrein. Ce n'eft pas que l'on fe plaigne de l'ordre & de la propreté qui regnent dans cette Maison de charité. Le zèle des Sœurs auxquelles le soin des malades est confié, est égal à leur vigilance. Le service s'y fait d'ailleurs sans confusion & sans négligence.

Mais, si des raisons s'opposent à faire exécuter un nouveau plan de construction, ne pourroit-on pas suppléer par un autre moyen au défaut de donner un lit à chaque malade ? Ne pourroit-on pas distribuer dans chaque Paroisse une certaine somme provenante des mêmes fonds de l'Hôtel-Dieu ? Cette somme seroit fournie annuellement pour être appliquée aux pauvres malades de chaque Paroisse, & versée entre les mains des Paroissiens les plus integres, membres d'un Bureau créé à cet effet. Ce seroit un remede à tant de maux, dont on sentira mieux l'importance en lisant l'extrait du Mémoire de M. le Roi, de l'Académie des Sciences, au sujet du

Plan d'une nouvelle conſtruction d'Hôpital, à l'article de cette Académie. Dans l'état actuel de cet établiſſement, ſon exiſtence eſt nuiſible à l'Humanité, & contraire à la politique d'un Gouvernement. Je ne m'étonne pas qu'un (*) grand Homme ait donné comme un problême à réſoudre, ſi un Hôpital étoit plus utile ou plus onéreux à un Etat. Des ſecours momentanés vaudroient bien mieux ſans doute, dans les circonſtances préſentes, que cet établiſſement perpétuel.

M. le Comte de Falckenſtein a cependant vu avec plaiſir que cette Maiſon étoit une Ecole de Chirurgie pour de jeunes Elèves & des Sages-Femmes.

De l'Hôtel-Dieu M. le Comte de Falckenſtein entra dans l'Hôpital des Enfans Trouvés, dirigé par les Sœurs de la Charité, qui eſt vis-à-vis. Cette Maiſon eſt fondée pour élever des en-

---

(*) Monteſq. Eſprit des Loix. Liv. 23, chapitre 29.

fans, nés victimes du libertinage de ceux qui leur ont donné le jour, ou des parens dénaturés qui les défavouent. Le nombre en est considérable: on les confie à des nourrices jusqu'à un certain âge. La Maison les entretient: on leur fait apprendre un métier jusqu'à ce qu'ils soient en état de gagner leur vie. L'ordre & la propreté de cette Maison est aussi remarquable que les soins que l'on prend pour apprendre à ces enfans leur devoir. M. le Comte de Falckenstein trouva cet Hôpital trop resserré par le grand nombre d'enfans qui y sont élevés. Il observa qu'ils n'étoient pas marqués au pied, ainsi que cela se pratique à Rome, dans l'Hôpital gouverné par les mêmes Sœurs. Il approuva davantage la méthode usitée dans celui de Paris, de constater l'entrée de chaque enfant par un procès-verbal. On transfere ces enfans, lorsqu'ils font sevrés, à la Maison de Saint-Antoine qui est du même Etablissement. M. le Comte de Falckenſtein promit de la viſiter.

Il n'étoit pas encore ſorti de l'Hôpital des Enfans Trouvés, que le Chapitre de Notre-Dame, qui en eſt l'Adminiſtrateur ſpirituel, lui députa M. l'Abbé de Montjoie, Chanoine de l'Egliſe de Paris, pour le prier d'en venir voir en détail les particularités. M. le Comte de Falckenſtein, ſenſible à cette attention, fit remercier le Chapitre de ſes offres, ſans les accepter.

Il alla auſſi viſiter l'Hôpital de la Charité, gouverné par les Freres de ce nom. Il en parcourut toutes les ſalles, dont il loua l'arrangement, bien différent de celui de l'Hôtel-Dieu. On ſçait que ces Freres dirigent divers Hôpitaux dans le Royaume & même dans nos Colonies; que leurs ſoins ſauvent la vie à une infinité de malheureux qui ne trouveroient point partout ailleurs les mêmes ſecours. Cet illuſtre Voyageur vit d'un cœur ſenſible qu'on s'y occupoit, ainsi que dans d'autres endroits, du soulagement des Pauvres, portion aussi nécessaire à l'Etat que celle des riches. Il visita aussi les Petites-Maisons. La vue des infortunés qui habitent ces tristes asyles excita sa commisération, qu'il fit connoître par des effets non équivoques. Partout il répandit de larges aumônes.

Ce sentiment d'humanité, qui le porta à faire ces différentes visites, & à répandre des consolations parmi cette multitude d'infortunés, lui fit aussi visiter l'Hôpital-Général, dit de la Salpétriere, celui de Bicêtre & de la Pitié; il en parcourut tous les départemens, les différens dortoirs, les ouvroirs, les loges, & la maison de force. Le sort des personnes renfermées dans ces tristes asyles le toucha sensiblement. C'est par ses libéralités qu'il a tâché d'adoucir la rigueur de leur situation; mais toujours en leur faisant ignorer quelle étoit la main qui allégeoit le poids de leur misere.

Voici un autre Etabliſſement de ce genre que M. le Comte de Falckenſtein eût deſiré de connoître. Il exiſte un fléau terrible, qui frappe également les têtes coupables & les innocentes, & porte par-tout la déſolation; un fléau d'autant plus funeſte qu'il eſt impoſſible de l'extirper. C'eſt donc le plus grand bonheur pour une Nation de poſſéder des hommes qui emploient leurs talens & leurs ſoins à en diminuer les cruels effets, & des Magiſtrats ſages, qui n'uſent de leur autorité que pour faire le bien & encourager ceux qui ont en mains les moyens de la conſervation de la choſe publique. Le Gouvernement, toujours occupé de cet objet, touché des ravages occaſionnés par la maladie vénérienne qui attaque la population dans ſon principe, maladie encore aggravée par le charlataniſme qui n'eſt que trop répandu dans la Capitale, avoit établi quatre Maiſons de Santé au commencement
de

de 1776, pour traiter les femmes indigentes. souillées de cette même maladie. M. Albert, alors Lieutenant-Général de Police en forma le projet, & se rendit le protecteur utile de ces Maisons, en payant chaque traitement des fonds qu'il destina à cet effet, ainsi que les Officiers attachés à ces Maisons. M. le Noir qui lui a succédé, y a fait depuis plusieurs changemens, & réformé divers abus. Il a supprimé trois de ces Maisons qu'il a réunies à celle de la petite Pologne, tenue par le sieur Royer, Chirurgien, & en a établi une d'hommes au fauxbourg Saint-Germain, tenue par un autre Chirurgien.

Le sieur Royer a fait une étude longue & pénible de ce genre de maladie dans différens climats. Il a rendu publiques les observations qu'il a faites, ainsi que le nombre de ses cures, constatées par le témoignage des personnes les moins suspectes. Il a une méthode particuliere pour l'administration du remede, qu'il n'emploie cependant pas exclusivement à tout autre. C'est celle des lavemens antivénériens. Elle est simple, & n'assujettit point le malade à un régime gênant. Une suite multipliée d'expériences lui en a garanti le succès, que des détracteurs injustes ont seuls contrarié. La meilleure preuve de l'efficacité de son remede, & de l'étendue de ses soins pour le traitement des malades, est la confiance qu'il s'est acquise de la part du Gouvernement.

Outre le Chirurgien qui a sous lui des Eleves pour le service des malades, il y a dans chacune de ces Maisons un Médecin Inspecteur. Les personnes attaquées de la maladie s'adressent à l'Inspecteur de Police chargé de ce département par le Magistrat, auquel il en rend compte, & qui sur le rapport de cet Officier, donne un ordre adressé aux Chirurgiens Majors de recevoir les malades.

Il y a un Réglement nouvellement imprimé pour l'ordre & la discipline de ces Maisons. Elles sont situées dans des lieux avantageux pour la pureté de l'air & une certaine étendue de terrein. Les malades sont dans des salles plus ou moins grandes, & même dans des chambres particulieres, quand ce sont des personnes honnêtes. Ils sont tous dans des lits séparément, nourris, chauffés, médicamentés, blanchis & entretenus de linge gratuitement. Ils sont traités dans ces Maisons par toutes les méthodes, sans exception d'aucune; & on les emploie relativement à l'âge, aux symptômes, au degré de la maladie & au tempérament. Les bains & tous les autres secours accessoires n'y sont pas épargnés.

Ce qui frappe d'abord la vue des Etrangers dans la Capitale, ce sont les monumens publics. De ce nombre sont les beaux édifices, les ponts, les quais, les promenades, les places au milieu desquelles sont élevées des Statues à la gloire de nos Monarques. Et sans doute M. le Comte de Falckenstein a vu avec admiration ces dernieres comme autant de tributs de la reconnoissance des Peuples, que des marques du bon goût de la Nation, & un signe qui fait connoître à quel degré les Arts sont perfectionnés en France ! Le plus beau, comme le plus ancien de ces monumens, est celui qui est consacré à la mémoire du meilleur de tous les Rois. Le Pont-neuf, au milieu duquel ce grand Monarque semble vivre & converser avec ses Sujets, est remarquable par son étendue, sa largeur & les commodités qu'il procure aux gens de pied. Aujourd'hui il joint à différens agrémens, qu'il seroit trop long de détailler, & au spectacle varié des passans de tout âge, de tout sexe, de toute condition, qui se renouvelle à chaque instant & n'est jamais interrompu, celui d'être orné de chaque côté de différentes boutiques, faillantes fur la Riviere, qui n'interceptent point la voie publique, & préfentent l'affemblage de toutes fortes de marchandifes pour l'utilité des Habitans. C'eft à M. de la Michodiere, Prévôt des Marchands, que le Public eft redevable de ce dernier avantage.

C'eft à Colbert que l'on doit une partie des embelliffemens de cette Capitale. C'eft lui qui a fait mettre les Boulevards dans l'état où nous les voyons aujourd'hui. Ils ont été longtems déferts : ils font devenus à préfent la promenade la plus fréquentée de Paris. Nous les voyons ornés d'édifices auffi rians au dehors qu'au dedans, de Salles de différens Spectacles, & de Cafés où regne la gaieté, qu'excite l'harmonie des inftrumens qui compofent l'orcheftre. Cette vive gaieté fe répand dans toute l'étendue de la promenade. Le Riche, comme le Citoyen le moins accommodé des biens de la fortune, y participe également, à la différence que le premier en jouit plus commodément, sans sortir de sa voiture.

Je ne parlerai point du Jardin du Palais Royal, ni de celui des Tuileries. Ils sont trop connus, ainsi que le Jardin du Luxembourg. Ces deux derniers forment chacun une promenade d'un genre différent. Dans l'un, la Nature aime à se reconnoître au milieu de l'air le plus pur : dans l'autre, l'Art a chassé la Nature, & a substitué à des marais & à un terrein inégal une perspective superbe. L'Art a fait de ce lieu le plus beau jardin de l'Europe, d'où l'on découvre une route nouvelle, environnée d'immenses & d'agréables promenades depuis peu très-fréquentées. Une multitude de quinconces forment différentes allées qui font déjà le berceau, sous lequel chacun est à couvert.

Ces différens objets contribuent à l'embellissement de la Ville, à l'utilité des Citoyens, & rendent le féjour de la Capitale délicieux. Mais elle renferme dans son sein d'autres jardins qui, sans être publics, sont ouverts aux honnêtes gens : je vais parler des principaux.

M. le Duc de Chartres, Prince du Sang, en a fait faire un sur le plan de celui de M. Boutin, Receveur Général des Finances, dont je donnerai plus bas la description. Ce jardin est situé dans un lieu appellé Mousseau, dehors une barriere du fauxbourg Saint-Honoré. Il est d'une vaste étendue & unique dans son genre. L'Art a réussi parfaitement à imiter la Nature. Des ruines, des monumens antiques & modernes de la plus grande curiosité, trompent l'œil à chaque instant, le surprennent & lui présentent des images en tout genre qu'il est difficile de retracer. Je dirai seulement que le jardin est aussi digne de la magnificence du Prince qui le possede, qu'il fait honneur à son goût pour tout ce qui porte un caractere de grandeur. Le Comte de Falckenstein n'a pu qu'y applaudir, & admirer les différentes beautés de ce lieu enchanté. M. le Duc de Chartres vient encore d'acquérir un espace considérable de terrein pour l'aggrandissement de ce jardin, où tous les agrémens possibles se trouveront alors réunis.

De ce jardin M. le Comte de Falckenstein alla voir celui de M. Boutin, situé hors la Barriere blanche, rue de Clichi. Ce jardin, qui peut avoir vingt arpens de contour, a excité depuis longtems la curiosité des Connoisseurs de la Capitale ; il n'y a point d'Etranger qui n'ait satisfait la sienne sur cet objet. Chaque jour en offre la preuve. Les Seigneurs de la Cour, les Princes & Princesses du Sang, la Reine elle-même, y ont été attirés par la renommée ; & leur espoir n'a pas été trompé. Ce jardin est encore un chef-d'œuvre de l'Art. On y reconnoît cependant plus la Nature que dans celui de Mousseau. Son entretien coûte considérablement: il est divisé en quatre parties, dont chacune renferme un jardin différent. La premiere, en entrant à droite, est un jardin Anglois où l'on voit différentes montagnes de gazon & d'arbustes de toute espece, d'une tournure agréable. Autour de ce jardin serpente une riviere formant diverses isles. Elle prend sa source d'un grand réservoir, qu'on remplit à l'aide d'un seul cheval : la riviere est bordée d'un grand nombre de coquilles, & de différentes pieces antiques, comme Tombeaux & autres monumens aussi curieux que précieux, dont la vue est très-satisfaite. De ce jardin on passe dans un autre à l'Italienne; celui-ci est orné de plusieurs bosquets & d'arbres de toutes especes, au centre desquels on monte à un amphitéâtre dans le même genre Italien, qui domine sur toute l'étendue du jardin, & offre une perspective agréable du côté de la Ville. Un autre jardin à la Françoise est opposé à ce dernier ; différens arbres de haute-futaie, formant une longue avenue, offrent une belle & immense promenade : d'autres allées sont décorées, d'espace en espace, de têtes & de bustes à la Romaine. On voit dans une partie de ce jardin différentes planches des fleurs les plus rares. Le potager, qui forme le quatrieme jardin, répond à celui à la Françoise ; il mérite aussi de fixer l'attention ; on y trouve un grand nombre d'arbres fruitiers, & plusieurs serres chaudes, par le secours desquelles on fait éclore & parvenir à leur maturité les fruits les plus rares comme les plus exquis. Parmi plusieurs choses curieuses que renferme ce jardin, il faut remarquer dans cette derniere partie deux grandes cuves de marbre, transportées de Rome, qui reçoivent l'eau provenante de la cascade du milieu du jardin, d'où elle se répand par différens canaux dans les bassins, à l'usage du potager. En outre on trouve dans ce séjour charmant, où l'or s'est métamorphosé en agrémens, & où le goût lutte sans cesse contre la Nature, une laiterie très-propre & bien entretenue, une basse-cour circonscrite par un treillage où l'on tient renfermé toute sorte de poules & d'autres animaux, tels que paon, pelican, &c.

Le pavillon n'est remarquable que par différentes pieces de marbre qui en font la principale curiosité. On y voit aussi un Cabinet d'Histoire Naturelle, où l'on a rassemblé ce qu'il y a de plus choisi. M. le Comte de Falckenstein visita aussi ce dernier endroit. Il auroit desiré voir M. Boutin lui-même, alors absent de cette Capitale, qu'il avoit appris être une personne douée de plusieurs connoissances utiles. On ne sçauroit dire lequel de ces deux traits tourne plus à la gloire de M. le Comte de Falckenstein, où de chercher à s'instruire, & de trouver par-tout des sujets dignes de fixer son attention, ou bien de s'intéresser au sort du moindre Citoyen, tel que le Suisse du jardin de ce riche Particulier. Comme M. le Comte de Falckenstein connut à son accent qu'il étoit Allemand, il eut la bonté de l'interroger sur sa vie passée qu'il avoit consacrée au Service de la France ; sur son état actuel, sur sa femme & ses enfans, & de lui témoigner sa satisfaction de le sçavoir heureux dans la Maison de M. Boutin.

Le jardin de M. le Maréchal Duc de Biron, situé rue de Varennes, fauxbourg Saint-Germain, à l'Hôtel de ce Seigneur, a aussi excité la curiosité de M. le Comte de Falckenstein. Ce jardin est remarquable par sa grandeur & son arrangement. Plus de trois mille vases remplis de fleurs odoriférantes embellissent les allées dont les arbres sont entrelassés de fleurs, & les distances des unes aux autres ornées de guirlandes de fleurs de toute espece ;

ce qui forme un coup-d'œil des plus rians. Rien, en un mot, n'eſt ſi agréable & ſi élégant, ſur-tout au commencement de Mai, qui eſt l'inſtant de la ſaiſon où l'on voit éclore toutes ces fleurs printanieres. Il y a une Orangerie dans laquelle on trouve encore différentes plantes rares. Cette Orangerie eſt dominée par un amphithéâtre & un belveder. Le premier ſert à y placer un orcheſtre, lorſqu'il plaît à M. le Maréchal de donner des Fêtes; cet endroit y invite à cauſe de la pureté de l'air, de la bonne odeur qu'on reſpire, & de la commodité d'un Sallon ſablé faiſant face à l'amphithéâtre. Il y a en outre dans ce jardin différents boſquets, pluſieurs ſalles vertes & petits labyrinthes. On eſt autant récréé de ces divers agrémens que de la culture & entretien de la moindre partie de ce jardin. M. le Maréchal de Biron ſe fait un plaiſir d'en laiſſer l'entrée libre aux Etrangers & aux Citoyens honnêtes, que sa beauté y attire tous les jours.

Ces différentes promenades, dont l'agrément & l'étendue procurent aux Habitans de la Capitale un champ vaste à leur délassement, suffiroient par leur variété à la plus grande Ville de Province, & en banniroient l'ennui : mais à Paris ce seul plaisir se tourneroit bientôt en fadeur. Cette Ville, qui renferme dans son sein plus de douze cent mille individus, la plûpart Etrangers, de différentes Nations, de différentes mœurs, de différens caracteres, demande nécessairement des Spectacles assortis, autant qu'il est possible, à tant de différentes humeurs. Comme tous n'ont pas la même Patrie, tous n'ont pas le même goût ; de-là ces divers genres d'amusemens donnés successivement pour récréer la multitude, auxquels l'industrie Françoise a donné naissance, & que le besoin renouvelle sans cesse.

Les Spectacles de la Capitale sont

aussi multipliés que variés. J'en vais donner le détail, en faisant mention de ceux auxquels M. le Comte de Falckenstein a assisté.

Courses de Chevaux.

Depuis environ trois ans, on a imaginé un nouveau genre de Spectacles qu'on ne connoissoit pas en France, & qui, dit-on, est en honneur en Angleterre. Nos Princes & nos plus grands Seigneurs y ont mis le plus grand intérêt, & ont employé des sommes importantes à l'achat des chevaux les plus lestes à la course, qu'ils font courir en leur nom. Le lieu destiné à cet exercice est ordinairement la Plaine des Sablons, près de Neuilly. Il consiste à faire parcourir une certaine espace de terrein à deux chevaux, montés chacun par un Cavalier; & le premier des deux qui atteint le but a remporté le prix. Outre cela il s'y fait des paris considérables, à l'imitation des Anglois: l'affluence des Spectateurs rend encore ces exercices plus intéreſſans ; une grande partie de la Cour y aſſiſte ; la Reine les a preſque toujours honorés de ſon auguſte préſence. On les renouvelle chaque année, ſoit au Printems, ſoit à l'Automne pendant le ſéjour du Roi à Fontainebleau ; ce Spectacle récrée d'autant plus la multitude, qu'il n'eſt couteux qu'aux Seigneurs qui y prennent intérêt par leur paris. Il n'effarouche pas nos eſprits ; il ne répugne pas nos mœurs. A ce ſujet il convient de remarquer que l'urbanité Françoiſe eſt bien plus louable que la valeur Romaine, qu'il falloit délaſſer par des Spectacles barbares, & ne rougiſſoit pas, pour s'amuſer, de voir ſouiller le lieu conſacré à ſes plaiſirs, du ſang de ſes concitoyens.

M. le Comte de Falckenſtein aſſiſta à deux de ces Courſes qui ſe firent à Neuilly le 26 Avril, à midi. Dans la premiere, *Jonquille*, cheval Bai âgé de 6 ans, appartenant à Monſeigneur le

Comte d'Artois, portant 8 ſtones; *Noelem*, cheval Bai, âgé de même de 5 ans, appartenant à Monſeigneur le Duc de Chartres, portant 8 ſtones, parcoururent un mille. La Courſe dura deux minutes deux ſecondes, *Jonquille* perdit.

Dans la ſeconde, *Comus*, cheval Bai, appartenant à M. le Comte d'Artois, portant 8 ſtones; & *Pudenda*, jument Baye, âgée de 5 ans, appartenante à Milord Catzkeer, portant 7 ſtones, parcoururent un mille. La Courſe dura une minute cinquante-cinq ſecondes, *Pudenda* perdit.

CONCERT SPIRITUEL.

Ce Concert tient lieu de tout autre Spectacle les jours de Fêtes de la Vierge, & de Fêtes annuelles & majeures. Il y en eut trois pendant le ſéjour de M. le Comte de Falckenſtein à Paris. On y exécuta, ſuivant ſon inſtitution, des Motets de la compoſition des plus habiles Muficiens, anifi que des Concerto de divers inftrumens; l'Orcheftre & les plus fameux Muficiens de l'Opéra en font les principaux Acteurs; il eft aujourd'hui fous la direction de M. le Gros, de l'Académie Royale de Mufique. La Salle de ce Concert fe trouve au Château des Tuilleries ; elle eft petite, & fa fimplicité ne plaît pas davantage que la plûpart de celle de tous les autres Spectacles de la Capitale: on y trouve des loges. Le prix des places eft pour les Spectateurs de 3 & de 6 liv. M. le Comte de Falckenftein affifta à ce Concert dans une loge, le 8 Mai, Fête de l'Afcenfion.

CONCERT-PRIVÉ.

Il exifte dans la Capitale de riches Particuliers, ou Muficiens ou amateurs, qui confacrent leurs richeffes à l'acquifition de divers inftrumens de Mufique, & à l'étude de cette Science auprès des plus habiles Maîtres. La Mufique feule eft capable de les récréer;

sans elle leur esprit & leur corps tomberoient dans un engourdissement qui leur seroit nuisible. Ces sortes de personnes forment une classe de Citoyens que les Spectacles ou la Musique est le plus en honneur, ne rassasient point. Il leur en faut un où leur esprit soit occupé du seul objet qui fait leur délice ; en conséquence, ils s'assemblent en divers lieux pour se livrer à ce seul plaisir. Il y a quelque tems qu'il existoit encore un établissement de ce genre, vulgairement appellé le Concert des Amateurs ; il se tenoit à l'Hôtel de M. le Prince de Soubise. Les circonstances quelquefois en forment de semblables, qui ne sont que momentanés, Il y en eut un cette année, le 26 Mai à six heures, à l'occasion de quelques Musiciens étrangers, auquel M. le Comte de Falckenstein assista. Ce fut dans la Salle du Waux-Hall de la Foire Saint-Germain ; on l'appella Concert de Bénéfice, parce qu'il fut donné au profit de Mademoiselle Danzi, premiere Cantatrice de l'Electeur Palatin.

Ce Concert commença par une symphonie de la composition de M. *Canabich*. Mademoiselle *Danzi*, d'une voix & d'une figure intéressantes, chanta un air Italien. M. *le Brun*, Musicien étranger, exécuta un concerto de hautbois. M. *le Gros* chanta une Scène Françoise. M. *Baer* exécuta un nouveau concerto de clarinette. Mademoiselle *Danzi* chanta une Ariette Italienne. M. *Farcet*, autre étranger, joua un concerto de violon de sa composition. Mademoiselle *Danzi* & M. *le Brun* exécuterent ensuite une Ariette Italienne ; la simphonie finit par une simphonie del Signor *Stelkel*.

WAUX-HALL D'HIVER.

On ne connoissoit pas, il y a dix ans, ces sortes de Spectacles appellés Waux-Hall, qui tirent leur nom de deux mots qui, en Anglois veulent dire Salle de Waux, parce que leur intention eſt de M. de Waux. Ce Spectacle eſt à l'inſtar d'un vaſte Café, où l'on trouve divers amuſe-femens. Je ne ſçais ſi celui de Paris a dégénéré de ceux de Londres auxquels il doit l'origine. Quoi qu'il en ſoit, comme la Capitale fourmille de particuliers riches & oiſifs, ce lieu eſt très-fréquenté les jours de la ſemaine qu'il eſt ouvert; il y a deux ans que ce Spectacle n'exiſtoit que pendant le tems de la Foire Saint-Germain, c'eſt-à-dire, depuis la Chandeleur juſqu'au Dimanche des Rameaux. L'aſſemblée étoit très-brillante, les Seigneurs & les Dames de la plus haute diſtinction y danſoient dans la Rotonde; aujourd'hui cet uſage eſt aboli, & l'on laiſſe ce ſoin à des jeunes enfans gagés à cet effet, ce qui rend ce Spectacle de nul intérêt: cependant on s'y raſſemble toujours par habitude, par ton, pour varier ſes plaiſirs, ou par toute autre raison. Cette Salle est ouverte à présent plusieurs jours de la semaine, depuis le premier Décembre jusqu'à la Semaine Sainte; & c'est ce qui le fait appeller Waux-Hall d'hiver. Il se tient dans l'Enclos de la Foire de Saint-Germain ; la Salle quoique petite est très-jolie : on joint au billet d'entrée un de la Loterie qu'on trouve dans le même lieu. Elle est composée des plus jolis bijoux. Le prix de ce Spectacle varie : il est ordinairement de deux à trois livres ; il est le rendez-vous de la brillante Jeunesse, & n'en est pas la meilleure Ecole.

WAUX-HALL D'ÉTÉ.

Ce Spectacle, aussi nouveau que le précédent, est encore appellé Waux-Hall de Torré ; on l'appelloit dans son origine les Fêtes de Torré, du nom de celui qui les donnoit à son profit ; il est situé sur les Boulevards du Temple, & est ouvert tous les jeudis de chaque semaine, depuis Pâques jusqu'à la Saint-Martin. Le sieur Torré, Artificier du Roi, a composé son Spectacle de différens artifices & d'illuminations. Il a eu la gloire de sçavoir plaire, par ce nouveau genre de Spectacle, à une Nation éclairée à laquelle il faut toujours des amusemens frivoles. Il a eu bientôt des imitateurs & des rivaux dans les Entrepreneurs du Colisée, qui ont profité de son invention, & lui ont suscité des embarras.

COLISÉE.

Ce Spectacle est encore du genre Anglois; il participe du Waux-Hall d'hiver & de celui d'été, parce qu'il en réunit tous les agrémens, & qu'on y mêle les Danses aux Feux d'artifice & aux illuminations. Le lieu consacré à cette nouvelle Salle & à ses dépendances, est d'une vaste étendue; l'achat du terrein qui est au-delà des Champs-Elisées, la construction de l'Edifice, les ornemens intérieurs & extérieurs ont coûté des sommes immenses, que le Public, quelqu'empressé qu'il eût pu être pour ce Spectacle, n'auroit jamais été en état de rembourser. C'est cette dépense énorme qui a mis les Entrepreneurs dans l'impossibilité de satisfaire à leurs engagemens, & dans la nécessité de fermer leur Salle, deux ou trois ans après son établissement. Elle étoit peu fréquentée à cause de sa situation isolée de la Ville, des incommodités de sa sortie, mais sur-tout à cause de l'aversion du Public, attaché & accoutumé à d'autres amusemens. Les différens élevés entre les bâilleurs de fonds, les propriétaires du terrain, les ouvriers ci-devant employés à la construction de cet Edifice & les Entrepreneurs, ont donné un tems suffisant à ce même Public pour préparer son goût, & lui faire affranchir les difficultés, qui le détournoient d'un lieu qui étoit toujours aussi éloigné, &

dont

dont les plaisirs n'étoient pas plus piquants ; desorte qu'aujourd'hui il ne reste plus rien de ce dégoût, & ne paroît même pas que ce Spectacle ait jamais été interrompu. On abandonne les plus belles promenades pour se porter en foule à celles qui avoisinent ce lieu.

La Salle du Colisée est ouverte les Dimanches & Mercredis de chaque semaine, depuis le premier Mai jusqu'au 11 Novembre. Tout l'attrait de ce Spectacle est dans le concours de la jeunesse, des femmes du monde, qui en font le piquant, dans les danses des enfans, les feux d'artifice & les illuminations, il y a une Rotonde qui est belle par sa largeur & par sa décoration ; c'est sur une piece d'eau qu'on exécute des joûtes & des feux d'artifice. On trouve dans cette Salle diverses Loteries, des Boutiques de Marchandes de Modes, dont le nombre est aujourd'hui si multiplié. Depuis peu, pour amorcer le Public, on a imaginé de planter dans un terrein vuide & dépendant de la Salle, un dragon élevé à une hauteur proportionnée, auquel on tire moyennant une certaine fomme, ce qui fert à démontrer la féchereffe de ce Spectacle; celui qui eft affez adroit pour y mettre le feu, gagne un certain nombre de billets de Loterie, qui lui font délivrés à l'inftant. Tel eft la vraie defcription de ce Spectacle que M. le Comte de Falckenftein eut la curiofité de voir. C'en eft affez de celui-là; je paffe à un autre auffi peu intéreffant.

Troupe des Grands Danfeurs du Roi.

Pour rendre les Boulevards fréquentés, il falloit quelqu'attrait pour fixer long-tems la multitude, dans un lieu où le bon air la tenoit fequeftrée de toute forte de plaifirs; c'eft ce qui porta à imaginer d'abord d'y établir des Guinguettes pour le menu peuple & des Cafés pour la meilleure Compagnie; il manquoit encore quelque chofe capabie de maintenir cette gaieté qu'on y respire : des Farceurs, des Bateleurs sentirent pour eux & le Public la nécessité de s'établir par préférence sur les Boulevards. Ils sollicitèrent des permissions d'y dresser des Théâtres, & d'y jouer des farces, qu'on a continué d'appeller Parades. Le nombre s'en est depuis considérablement augmenté, desorte que ce lieu est aujourd'hui le plus riant de tout Paris. Nicolet, qui est le chef & le créateur de la Troupe des Grands Danseurs du Roi, étoit anciennement à l'instar de tous les autres Bateleurs ; il a eu le bonheur de plaire plutôt que les autres, sans doute à cause du choix de ses Divertissemens. L'enthousiasme du Public lui a valu sa fortune. Les meilleurs Sauteurs, Danseurs, Faiseurs d'équilibre, se sont enrôlés dans sa Troupe : leurs exercices font l'objet de son Spectacle. On y joue cependant des Pièces de sa composition ou de quelqu'autre, mais aucune de celles cependant qui font partie du Théâtre François. Ses Acteurs sont dénommés Troupe des Grands Danseurs du Roi. Dans le tems des Foires de la Ville, telle que celles de Saint-Germain, de Saint-Ovide, la Troupe représente dans l'enclos de ces Foires. Hors ce tems, ce Spectacle est toujours sur les Boulevards du Temple, où Nicolet a fait construire une Salle. Il y a tous les jours une représentation, excepté pendant le tems de Pâques. L'été il y en a deux, dont l'une après souper. Le bon goût qui a repris, ne rend ce Spectacle commun qu'au menu peuple & aux filles du monde, sans le faire abandonner, ainsi que son voisin dont je vais parler.

AMBIGU COMIQUE.

Ce Spectacle, dans le voisinage de celui de la Troupe des Grands Danseurs, doit son origine au nommé *Audinot* qui en est également le chef, &

lui a fait conſtruire une Salle. Il ſuit dans le tems des Foires le même ſort que celui de Nicolet ; la nature & les fonds des Pièces qu'on joue ſur ce Théâtre ſont les mêmes que ceux de ce dernier. Ses Acteurs ſont différens : ce ne ſont que des enfans ; c'eſt ainſi qu'Audinot avoit ſçu intéreſſer le Public & l'attirer en foule à ce Spectacle. L'amabilité de ſes Acteurs, la naïveté de leur jeux, la fléxibilité de leur voix, la nouveauté étoient très-capables de faire illuſion, & de lui attirer les ſuffrages des curieux. Le charme a été bientôt diſſipé, la jalouſie des talens, la rivalité entre gens de même métier ont contribué à le faire diſparoître. Les chants ont été ſupprimés par autorité ; la muſique bannie du récit a refroidi l'action déjà dénuée d'intérêt & d'intrigue ; les amateurs ont déſerté, & ſubi le ſort de la muſique ; & ce Théâtre eſt aujourd'hui en proie aux rapſodies & à la frivolité. Si l'on conſidéroit le nombre de partisans qui lui restent, on auroit une très-petite estime de la Nation Françoise ; mais on sçait que là où il peut y avoir de grands vices, il y a aussi de grandes vertus.

COMÉDIE ITALIENNE.

L'origine de la Comédie Italienne n'est pas fort ancienne, les Comédiens Italiens vinrent s'établir à Paris, vers la fin du siecle passé : on n'a joué pendant long-tems sur leurs Théâtres que des Pièces Italiennes. Depuis quelques années cette Troupe s'est faite arroger le droit exclusif de représenter des Pièces mêlées de chants, d'airs & d'ariettes auxquelles on a donné le nom d'Opéra Comiques. Ce genre de Spectacle, quoiqu'agréable par la beauté des voix, le jeu des Acteurs & un excellent orchestre, n'est pas du meilleur goût ; la Salle de représentation étoit anciennement à l'Hôtel de Bourgogne, occupé par une Troupe de Comédiens François, & demeuré vuide depuis

1680. Cette Troupe exiſtoit avant l'année 1600 au même endroit. La Salle eſt par conſéquent ancienne ; elle eſt très-petite, & menace ruine, ainſi que tout ce qui en dépend. Un jeune Artiſte a projetté d'en conſtruire une nouvelle dans la Place du Pilori, qui ſera beaucoup plus grande & iſolée, avantage qu'il faut peſer à cauſe des incendies, & placée au milieu des rues multipliées ; elle laiſſera de toutes parts des ſorties aux voitures, qui ne cauſeront plus d'embarras, par la proximité des Places où on les remiſera. Ce projet mérite d'autant plus d'être adopté, que la dépenſe pour la conſtruction de la nouvelle Salle, qu'il fait monter à moins de 500,000 livres, ne ſera point onéreuſe à la Ville, à laquelle il ne demande que la conceſſion du terrein qu'il a choiſi, & que cet Artiſte donne des moyens utiles au Public pour applanir les difficultés qu'on oppoſeroit à ſon exécution.

Les Drames destinés au Théâtre de la Comédie Italienne, c'est-à-dire les Opéra Comiques ou bouffons, sont des riens mis en action; la musique en fait le seul intérêt. Nos habiles Musiciens s'escriment pour en donner de la bonne à ce Théâtre. Les Comédiens Italiens sont Comédiens & Pensionnaires du Roi, & représentent à la Cour, lorsqu'ils en sont requis. M. le Comte de Falckenstein assista à trois de leurs représentations : la premiere fois, le mercredi 23 Avril, on joua *Tom Jones*, Comédie en prose & en trois actes, mêlées d'ariettes, de Poinsinet, musique de Philidor; & *les Deux Avares*, Piéce en deux actes, mêlée d'ariettes, de Fenouillot de Falbaire, musique de Gretry.

La seconde fois, le jeudi premier Mai, on représenta *le Tonnelier*, & *le Déserteur*; les paroles de cette derniere Piéce sont de Sedaine, la musique de Monsigny. M. le Comte de Falckenstein fut obligé de quitter à la seconde scène de la premiere Piéce pour aller joindre la Reine aux François.

La troifieme fois, Dimanche 11 Mai, il affifta à une répréfentation de *Mazet*, Opéra bouffon en deux actes, d'Anfeaume, mufique de Duny; & de *Zémire & Azor*, Comédie en quatre actes, mêlée de chants & de danfes, mufique de Gretry.

OPÉRA.

L'étimologie de ce nom d'Opéra, vient du mot latin *Opera*, qui veut dire Ouvrages, dénomination qui conviendroit cependant également à tous les Théâtres, puifqu'on y repréfente, comme à celui-là, des Drames de tel ou tel Auteur. Quoi qu'il en foit, les Drames qu'on joue à l'Opéra font du genre larmoyant & paftoral, & mis en mufique. Ce Spectacle eft celui qui a le plus de rapport avec celui des anciens, parce qu'il eft compofé de chœurs; c'eft le plus magnifique & celui qui entraîne le plus de dépenfe. La

Salle est au Palais Royal, & la même que celle qui avoit été donnée à la Troupe de Moliere. A la mort de celui-ci arrivée le 17 Février 1673, Louis XIV la donna à Lully. On y exécuta ses chefs-d'œuvres. Quinaut a le plus travaillé pour ce Théâtre; & il faut convenir, sans offenser les mânes de Boileau, qu'il a excellé dans plusieurs de ces Drames, propres uniquement à l'Opéra. Un grand Poëte peut-être ne réussiroit pas à en faire de convenables à ce Théâtre, où l'action ne demande qu'un intérêt léger, qui s'allie avec la variété des fêtes qui s'y représentent. Le célebre Rameau a surpassé pour la musique Lully, & n'a plus rien fait desirer à ce genre de Spectacle, dont la multiplicité & la bonté des instrumens, la beauté des voix, la variété & la richesse des décorations, les chœurs nombreux, les danses & les divertissemens font tout le charme, & rendent ce Spectacle digne de la Capitale d'un grand Royaume, qui peut feule l'entretenir.

Les Villes principales des Provinces ont voulu fe procurer le même Spectacle ; de-là, on a vu fe former différentes Troupes de Muficiens confacrés à ce genre, & parcourant les Provinces. Mais, depuis quelques années, ces Troupes, la plûpart ruinées, n'exiftent plus ; les Villes pas affez riches pour fubvenir aux dépenfes qu'entraînent ces repréfentations de l'Opéra, laiffent à la Capitale le privilége exclufif de faire de celui-ci un de fes trois principaux Spectacles. La Salle de l'Opéra fut réduite en cendres par l'incendie arrivée en 1763. L'Opéra fut transféré par *interim*, à la Salle qu'occupent aujourd'hui les Comédiens François dans le Château des Tuilleries, jufqu'à la conftruction d'une nouvelle Salle au même endroit, qui fut achevée en 1772. Elle eft fort grande &

fort bien décorée (*). L'Opera a la dénomination d'Académie Royale de Musique, & ses Membres sont Pensionnaires de Sa Majesté; les principaux sont MM. *le Gros, Larrivée, Tirot.* Mesdemoiselles *Arnoult* & *Levasseur.* Je ne dis pas que ce Spectacle doive mériter la préférence du Public; car, sans dire que l'esprit a de la peine à s'y faire illusion, & la nature est souvent contrariée, quoi de plus ridicule que de voir un Héros expirer sur la scène en chantant, & des Démons exhaler leurs fureurs par des chants & des danses? Mais il sert du moins à entretenir le goût de la Musique, & à former chaque jour de bons Maîtres dans cette partie. De ce nombre sont MM. Floquet & le Chevalier Gluk,

────────────────

(*) On voit avec d'autant plus de plaisir, dans la Pièce qu'on nomme le Foyer, les bustes en marbre, de Lully, Quinault & Rameau, qu'ils sont des monumens élevés à la gloire des Hommes de génie.

dont le Public récemment vient d'accueillir les différentes productions. L'envie a vu d'un œil sombre celles de ce dernier ; & des détracteurs ont osé les déprécier, & décourager ses talens. Ainsi on cherche à énerver le génie, & on a l'injustice de ne trouver bon que ce qui balance les chef-d'œuvres des grands Maîtres. Et de bonne-foi tous les Musiciens peuvent-ils être des Rameau ; tous les Peintres, des Apelles ; tous les Orateurs, des Démosthenes ; tous les Conquérans, des Alexandre ? La Terre est trop stérile en de pareils hommes ; elle les porte un siecle dans son sein avant de les donner ; & c'est assez que nous en voyions naître quelques-uns qui y aient quelque rapport.

M. le Comte de Falckenstein assista à diverses représentations des Opéra suivans.

Le Devin du Village, de la composition de J. J. Rousseau.

Iphigénie en Aulide, paroles de M. L. B. D. R. musique du Chevalier Gluck. M. le Comte de Falckenstein accompagna la Reine à une représentation de cet Opéra, le 25 Avril. Le Public vit avec transport cette auguste Souveraine, qu'il fit éclater par des applaudissemens réitérés.

Orphée & Euridice, paroles de M. Moline, & la musique de la composition du Chevalier Gluck.

Et enfin *Alceste*, dont la musique est de la composition du même Chevalier.

Le 5 Mai, le Comte de Falckenstein avoit assisté à Versailles à la représentation de *Castor & Pollux*, Opéra de la composition de Rameau, dans la Salle du Château destiné à ce Spectacle. Cette Salle est magnifique par son étendue, son arrangement, sa décoration & sur-tout par son Théâtre, qui passe pour le plus grand du Royaume. M. le Comte de Falckenstein fut très-satisfait de ce genre de Spectacle. Ce ne fut pas cependant à celui-là auquel il parut donner la préférence; c'est à celui de la Comédie Françoise.

COMÉDIE FRANÇOISE.

Un pareil choix fait autant d'honneur au goût de notre illustre Voyageur qu'il est une époque mémorable pour la Scène Françoise; ce Théâtre doit être avec raison appellé l'Ecole de nos Mœurs. Et où peut-on mieux connoître le génie & le caractere de la Nation que sur son propre Théâtre ? Celui-là seul de la Comédie Françoise doit avoir ce titre; tous les autres lui sont étrangers; ce Théâtre est le plus ancien de tous. Depuis long-tems il y a plusieurs Troupes de Comédiens à Paris, mais ils étoient François; ils ne jouoient que des Pièces Françoises, & par conséquent composoient le même Théâtre: ils se sont depuis réunis à celui-ci, comme je le dirai plus bas. On voit par un Réglement de Police du 15 Janvier 1609 qu'il exiſtoit alors dans la Capitale deux Troupes de Comédiens, l'une appellée Troupe de l'Hôtel de Bourgogne; l'autre, Troupe du Marais, ou de l'Hôtel d'Argent, ſituée dans la rue de ce nom. Ce Réglement enjoignoit aux Comédiens de finir leurs repréſentations pendant l'hiver à quatre heures & demie du ſoir.

Quoique bien avant ce tems la France eût produit de grands Poëtes, dans quel état ſe trouvoit alors la Scène Françoiſe? Les Acteurs étoient auſſi ignorans que les Spectateurs : nul goût, nulles regles de l'Art du Théâtre; point de mœurs, point de caractere; des pointes & des miſérables jeux de mots faiſoient tout l'ornement & l'intérêt des Piéces; & ce qu'il y avoit de plus funeſte, c'eſt que l'honnêteté avoit ſouvent lieu de rougir à leurs repréſentations. Aujourd'hui notre Théâtre eſt une Ecole des bonnes Mœurs, & la carriere des talens. Et en effet, où peut-on mieux apprendre à se conduire dans le monde, quoiqu'en dise le pédentisme, je dis plus, pour vivre sans reproche, qu'à un Théâtre où l'on démasque si bien le vice, où l'on le ridiculise, & le fait détester; où l'on expose la vertu avec les plus belles couleurs, où l'on l'exalte pour nous la faire aimer : Eh ! que l'on ne dise pas que les Spectacles entretiennent la dépravation des mœurs; ils en font les correctifs. Si les passions semblent régner quelque fois sur la scène, c'est pour l'instant d'après y être humiliées & punies; &, sans entreprendre de le démontrer, quel jugement porteroit-on d'une Pièce où la vertu seroit humiliée & le vice honoré? En existe-t-il une de cette nature qui ait été jouée sur notre Théâtre ? Si je fais l'analyse des principales, je vois dans toutes, d'un côté le respect pour les Dieux, l'amour de la Religion, l'obéissance filiale, la tendresse conjugale, la générosité, la clémence, la magnanimité, & toutes les autres vertus récompensées : d'un autre, le fanatisme, la vengeance, l'adultere, l'inceste, le parjure, l'ambition, tous ces crimes punis. Je vois le vice livré à ses remords, & devenir son propre bourreau. Les passions y excitent des orages ; mais le calme y est amené par le triomphe de la vertu.

Quelle plus brillante carriere ! que celle que court un Auteur Dramatique ! Quoi de plus flatteur ! que de survivre à soi-même, & à des siecles ! La preuve en existe dans les Sophocle, les Euripide, les Corneille, les Racine, les Moliere : le Théâtre n'est pas monté tout-à-coup à ce degré de perfection où nous le voyons aujourd'hui. De quelle gloire ne se seroit pas couvert celui qui auroit conçu tout l'Art d'un Ouvrage dramatique ? Cet Art, comme tout autre, a été imaginé par degré. L'invention du Dialogue en a été le premier pas. Le second, fut d'y joindre une action : peu-à-peu l'illusion & la pompe théâtrale se développerent. Les beaux jours d'Athènes enfanterent cette admirable découverte ; & les Grecs nous ont donné les premiers Drames. Convenons que nous avons renchéri sur eux, & qu'un Auteur François a une tâche plus longue à remplir qu'un Poëte Grec-Dramatique. Les Grecs relevoient la simplicité de leurs sujets par les chœurs ; de-là, nul vuide apparent dans la représentation. Parmi nous, nous avons cinq actes à remplir, & les chœurs ne viennent pas aider la sécheresse du sujet & la stérilité de l'esprit de l'Auteur. Personne encore en France, avant Corneille, & depuis lors même par-tout ailleurs, si l'on en excepte nos Poëtes Dramatiques, ne connut la route du Théâtre tracée par les Grecs. Dans quelle barbarie se trouve encore le Théâtre chez la plûpart des Nations ? En Italie & en Espagne, quel choix dans les sujets, quelle bizarrerie, quel goût ! En Allemagne même, où la France a porté plusieurs fois ses Conquêtes, dans quel état se trouve le genre dramatique ? Il est encore dans le mauvais goût de l'ancien Théâtre Hollandois : rien de plus affreux & de plus atroce que le sujet des Piéces du Théâtre Allemand ; & quoique les Comédiens Allemands soient pour l'ordinaire Acteurs & Auteurs ; quoiqu'à la Cour de Vienne on représente des Pièces Françoises, le Théâtre de la Nation respire toujours le même air de barbarie.

Quel étranger n'est pas convaincu aujourd'hui de la supériorité de notre Théâtre sur tous les autres du monde, puisqu'il n'existe aucun Monarque qui n'ait fait représenter nos Pièces à sa Cour ? Où trouve-t-on plus d'ordre, plus de régularité, plus de connoissance des véritables beautés de Théâtre que dans celui-ci ? Le choix des sujets, la conduite de l'intrigue, l'intérêt bien soutenu, la sublimité des pensées, la grandeur des maximes, la pureté de la diction, enfin le dénouement de la Pièce tiennent en suspens pendant son cours l'esprit du Spectateur. Le charme de l'illusion qui ne cesse qu'à la fin, l'ébranle, l'émeut, le touche & enfin le persuade.

On fixe l'époque de cette métamorphose au moment où le nouveau créateur de l'Art Dramatique (Corneille) tira ce genre de Poësie du cahos; après lui, Racine, Moliere l'ont fait monter au plus haut degré de perfection. Le Théâtre François depuis environ cent cinquante ans, jouit d'une prééminence bien méritée; il est devenu une arêne où les meilleurs, comme les plus éclairés Ecrivains, sont venus s'arracher des lauriers. Ces grands Poëtes empruntent des voix étrangeres pour réciter leurs ouvrages; le Guerrier, le Magistrat, le Politique, tous en un mot viennent assister à leurs leçons. Non contens de les entendre répéter, nous les avons gravées sur le plus beau papier; ils font l'ornement de nos Bibliotheques; nous en nourrissons chaque jour notre esprit; nous les avons traduits en toutes sortes de Langues. Des Phidias ont reproduit sur le marbre les images de ces Hommes de génie. Déjà leurs statues sont placées, au lieu même où leurs Ouvrages ont été couronnés. La Comédie Françoise possede le médaillon en marbre de Moliere, & le buste de Piron en marbre, exécuté par M. Caffiéri. Ce Sculpteur vient de faire présent à la Comédie Françoise de celui de Pierre Corneille. La Nation doit aussi au ciseau de cet habile Artiste, celui d'Helvetius que possede sa Veuve, qui chaque jour l'arrose de ses larmes. M. le Comte de Falckenstein, en visitant l'attelier de ce Sculpteur, vit entre plusieurs statues le modele du buste de ce sçavant Philosophe. Il ne put s'empêcher de témoigner à tous ceux qui étoient préfens, qu'il auroit defiré de l'avoir connu de fon vivant.

Il exiftoit depuis long-tems, comme je l'ai déjà dit, deux Troupes de Comédiens François à Paris, celle de l'Hôtel de Bourgogne, & celle du Marais. Moliere en créa une troifieme, quand il ouvrit fon Théâtre en 1659. Quoiqu'elle portât le nom de la Troupe de MONSIEUR, on la diftinguoit par celui de la Troupe du Petit-Bourbon. Louis XIV, ayant fait démolir en 1660 la Salle du Petit-Bourbon, pour faire bâtir le grand portail du Louvre, donna la Salle du Palais Royal à Moliere, dont la Troupe prit en 1665 le titre de la Troupe du Roi. A fa mort, cette Troupe fut incorporée à la Troupe de l'Hôtel de Bourgogne & à celle du Marais, & fept à huit ans après, c'eft-à-dire en 1680, les deux Troupes fe réunirent. Les

Comédiens s'établirent au Jeu de Paume, dans la rue de Seine; Lully eut la Salle du Palais Royal; les Comédiens Italiens, celle de l'Hôtel de Bourgogne. Mais l'ouverture du Collége Mazarin en 1688, contraignit encore la Troupe des François à déloger; on leur donna la Salle des Fossés Saint-Germain, qui étoit un autre Jeu de Paume. Ces Comédiens l'ont occupée jusqu'en 1770, qu'on leur a donné par *interim* celle du Château des Tuilleries, où l'on a aussi vu l'Opéra.

Toutes ces translations nécessitent la construction d'une nouvelle Salle, ou pour mieux dire d'une qui appartienne à la Comédie Françoise. On projette d'en construire deux; & l'on a raison. Car si l'on considere le concours prodigieux qu'attirent les grandes représentations, la difficulté d'y être admis, le nombre de Citoyens à qui cette privation est sensible, l'avantage des Lettres,

tres, l'encouragement des talens, la Scène Françoise demande deux Théâtres. En effet, que d'avantages le Public retireroit de l'existence de deux Troupes de Comédiens François ? L'une & l'autre s'empresseroient de reproduire des nouvelles Scènes & des meilleurs Acteurs, pour balancer les suffrages; le jeu deviendroit piquant, & par-là s'entretiendroit l'émulation parmi les Auteurs & les Acteurs. Alors il feroit permis à chacun d'être juge impunément des Ouvrages de ses concitoyens, & témoin de leur succès. Aujourd'hui une bande de vagabonds & de crocheteurs assaillissent la porte du sanctuaire des Muses, aux yeux même de la Police, dont ils bravent les Loix, & nous font payer cher l'avantage d'y être admis, si ce n'est qu'on veuille courir risque de sa vie. La Salle en outre est très-étroite ; & ce lieu de délassement & de plaisirs nous cause souvent de la fatigue & de l'ennui

Tome I. E

M. le Comte de Falckenſtein étoit trop inſtruit pour ne pas connoître les beautés de notre Théâtre ; mais il voulut en mieux voir les effets, à la repréſentation d'un certain nombre de Pièces de nos plus grands Poëtes, effet qu'il ſentit par le jeu de nos meilleurs Acteurs. Excités par la préſence de cet illuſtre Voyageur, les Comédiens ſe ſont tous empreſſés de le ſatisfaire. M. le Kain, le plus grand Déclamateur, comme le plus vrai dans ſon jeu, & à qui Baron lui ſeul auroit pû le diſputer, a joué ſans conſulter ſa ſanté, dans preſque toutes les Tragédies.

Je vais faire mention des repréſentations auxquelles M. le Comte de Falckenſtein aſſiſta, en rapportant les noms des principaux Acteurs.

Samedi 26 Avril, *Britannicus*, de Racine ; Acteurs, MM. le Kain, Molé, Brizard, Mademoiſelle Saint-Val.

Jeudi premier Mai . la *Métromanie*, de Piron ; Acteurs, MM. Bellecour,

Dézessarts, Brizard, Préville, Mesdames le Lievre, Bellecour.

Dimanche 4, *Turcaret*, de le Sage; Acteurs, MM. Bellecour, Préville, Augé, Mesdames Préville, Drouin.

Mercredi 7, le *Cid*, de Corneille; Acteurs, MM. Brizard, de la Rive, Madame Saint-Val, cadette.

M. le Comte de Falckenstein ne vint qu'au troisieme acte de la Tragédie, & assista à la deuxieme représentation de la petite Pièce qui étoit nouvelle, intitulée, le *Veuvage trompeur*, en trois actes, de M. de la Place. M. le Comte de Falckenstein voulut voir le succès ou la chûte de la Pièce ; elle tomba à la quatrieme représentation. L'Auteur l'avoit réduite à deux actes à la troisieme ; mais elle n'eut pas un meilleur succès qu'aux précédentes.

Samedi 10, *Brutus*, de Voltaire; Acteurs, MM. Brizard, de la Rive, Mademoiselle Saint-Val, cadette.

Mercredi 14, *Œdipe*, de Voltaire ; Acteurs, MM. le Kain, Brizard, Monvel, Mademoiselle Saint-Val.

Le Public, par une heureuse application, applaudit à ces vers de la premiere Scène du quatrieme Acte, où Jocaste, parlant à Œdipe, dit :

> Ce Roi, plus grand que sa fortune,
> Dédaignoit comme vous une pompe importune:
> On ne voyoit jamais marcher devant son char,
> D'un bataillon nombreux le fastueux rempart ;
> Au milieu des sujets soumis à sa puissance,
> Comme il étoit sans crainte, il marchoit sans défense,
> Par l'amour de son Peuple il se croyoit gardé.

Samedi 17, *Nicomede*, de Corneille; Acteurs, MM. le Kain, Monvel, Mesdames Vestris & Saint-Val.

Deuxieme Pièce, le *Mercure Galant*, de Boursault ; Acteurs, MM. Préville, Dézessarts, Dauberval.

Lundi 19, le *Distrait*, de Regnard ; Acteurs, MM. Bellecour, Préville.

Deuxieme Pièce, la *Fausse Agnès* ; Acteurs, MM. Préville, Dézessarts, Dugazon, Madame le Lievre.

Mardi 20, *Athalie*, de Racine ; Acteurs, MM. Brizard, de la Rive, Mesdemoiselles Saint-Val, Contat.

Mercredi 21, *Zaïre*, de Voltaire ; Acteurs, MM. le Kain, Brizard, Molé, Mlle Saint-Val, cadette. Quoique le rôle d'*Orosmane* soit très-fatiguant pour M. le Kain, sur-tout sur le Théâtre de la Capitale, la présence & les bontés de la Reine lui prêtèrent des forces pour remplir un rôle dans lequel, à la satisfaction du Public, il déploya toute la supériorité de ses talens.

Mercredi 28, *Tancrede*, de Voltaire ; Acteurs MM. le Kain, Monvel, Brizard, Mademoiselle Vestris ; cette dernière remplit le rôle d'*Aménaïde*, un des plus grands & des plus difficiles du Théâtre François. La Reine assista aussi à cette représentation.

Cette auguste Souveraine voulut donner un petit amusement à M. le Comte de Falckenstein. Le lieu fut choisi au Petit-Trianon. Le Roi a fait présent de ce Château à la Reine qui l'a fait embellir. On joua des Proverbes après-midi dans le jardin. Jouer des Proverbes, c'est les mettre en action ; par exemple celui-ci : *Contentement passe richesse*, peut fournir la Scène d'un Financier & d'un Savetier. M. Carmontel a donné au Public un long Recueil de Proverbes. Mais M. Préville, qui fait les délices de la Scène Françoise, a ranimé depuis environ huit ans ce genre d'amusement : il a mis plus de simplicité dans ses sujets & dans l'action. Cette sorte de Spectacle seroit bien propre à remplir le vuide d'une Société, & la détourneroit des pernicieux effets de l'ennui. Le premier proverbe qui vient à l'esprit, est mis en action. Les rôles sont à l'instant distribués, & l'imagination aide à les remplir ; ainsi tandis que l'esprit s'occupe agréablement, le corps se délasse ; mais il faut prendre garde que le choix des sujets ne tombe que sur des personnes d'une condition médiocres, & jamais sur celles de la compagnie, sur-tout à la Cour ; premierement, pour éviter d'incidenter sur les caracteres qui s'y reconnoîtroient ; en second lieu, parce que celui d'un homme du commun prête plus à la plaisanterie.

On en joua deux, malgré le tems qui étoit froid ; & tous les deux furent distingués par le changement de décoration.

Après souper on représenta les *Fausses Infidélités*, de M. Barthe ; & l'*Amoureux de quinze ans*. Le Spectacle fut terminé par deux Ballets de M. Noverre.

Le Jeudi 15 Mai, le Roi reçut à Choisy, qui est une des Maisons Royales, M. le Comte de Falckenstein ; on y représenta l'*Amant Auteur & Valet*, & la *Feinte par Amour*, Comédies. On y donna deux Ballets, dont l'un la *Chercheuse d'Esprit*, Ballet nouveau de la composition de M. Gardel.

Les François, à l'exemple des Romains, sont avides de Spectacles ; mais, comme ils ne détournoient pas ceux-ci de leurs vastes occupations, & qu'ils n'y assistoient comme nous, que par forme de délassement, & les quittoient pour commander les Armées & gouverner l'Empire du Monde ; de même les François, dont l'esprit & le cœur sont tout à la fois satisfaits par ce genre d'amusement dans lequel ils trouvent de plus importantes leçons que ces Maîtres de la Terre, se livrent après avec le même empressement à l'étude & au travail. Si la Nation a des lieux consacrés au plaisir, elle offre de toute part des écoles de Sagesse, & des asyles aux Sciences & aux Arts ; de ce nombre sont les Académies, & d'autres institutions aussi utiles.

L'Etablissement des Compagnies Littéraires en France est voisine de la renaissance du Théâtre ; on le fixe au commencement du siecle passé. Les premieres se formerent dans la Capitale ; bientôt à son imitation, on en vit naître dans les Provinces ; & aujourd'hui il y en a dans les principales Villes du Royaume, confirmées par Lettres patentes : elles ont toutes pour Protecteur ou le Roi, ou un Prince du Sang, ou le Chancelier ou quelqu'autre Seigneur. Dans la plûpart, il y a des Prix fondés pour l'Auteur du meilleur Ouvrage, dont le sujet est proposé par les Compagnies ; elles sont appellées Sociétés ou Académies.

Outre les Sociétés Littéraires, il y a encore dans la Capitale & dans différentes Villes du Royaume, des Académies des Sciences & des Arts. Je m'attacherai à parler principalement des unes & des autres de la Capitale, suivant l'ordre de leur Etablissement.

La plus belle prérogative de la Puissance souveraine est de protéger les Lettres, les Sciences & les Arts ; la bienveillance de Louis XIV envers les Sçavans & les Artistes, l'a aussi distingué que ses victoires. Ce regne brillant fut celui des Arts & des talens ; & le Ministre qui les encourageoit fut la cause de leur triomphe. Colbert & Louis XIV, doués tous les deux d'une grande ame, s'aiderent réciproquement : dès-lors les Sciences & les Arts n'eurent d'autre asyle que le Palais de nos Rois. Dès l'année 1663, tous les Illustres dans les Arts eurent leur logement dans le Louvre, tout s'y changea en Atteliers ; & bientôt les plus belles productions semblerent éclore tout-à-coup des mains des Artistes, à la voix du Monarque qui guidoit leurs outils. Cette singuliere protection étoit un spectacle nouveau. Il étoit magnifique : les Rois, successeurs de Louis-le-Grand, ont été jaloux de l'imiter.

Toutes les Académies de la Capitale n'ont d'autre demeure que le même Palais, puisque leurs Salles d'Assemblée sont au Louvre. Cette distinction du Souverain est bien glorieuse aux Gens de Lettres & aux Sçavans ; mais la grandeur du Monarque ne feroit-elle pas encore intéreffée à porter plus loin fon attention dans cette partie ? Ces Salles où fe tiennent les Affemblées de l'Academie font très-petites. La plûpart des affiftans font debout, indécemment entaffés les uns fur les autres; quelques-uns à la vérité font affis, mais mal à leur aife. Ces divers amateurs ainfi raffemblés, repréfentent cependant la Nation, ou, fi l'on veut, les quatre mille perfonnes qui s'occupent de Littérature dans la Capitale. Une poignée de Citoyens eft feule fpectatrice & juge des honneurs rendus au génie. Il faudroit, pour encourager les talens, & donner plus d'éclat au triomphe des vainqueurs, un lieu vafte qui augmentât le concours, & donnât plus d'appareil à la cérémonie. Comme il y a un Hôtel des Monnoies, des Fermes, &c. ainfi qu'on l'a dit avant moi, chaque Académie devroit avoir fon lycée ; &

certainement les grands sujets qu'on y traite, les monumens qu'on y éleveroit à la gloire des grands Hommes, les divers logemens accordés à chacun de ses membres l'exigeroient. Je vais rendre compte des visites que M. le Comte de Falckenstein fit à chacune de ces Compagnies.

ACADÉMIE FRANÇOISE.

Cette Académie tient le premier rang de toutes celles du Royaume. Le Cardinal de Richelieu, jaloux de tout ouvrage d'esprit, assembla plusieurs Hommes de Lettres en 1634, dont il se déclara le Protecteur. L'année suivante, il fit ériger cette Compagnie en Académie, à laquelle il fit expédier au mois de Janvier des Lettres patentes, qui ne furent enregistrées que le 10 Juillet 1637. Les Assemblées se tenoient chez lui au Palais Cardinal, aujourd'hui le Palais Royal.

A sa mort, arrivée le 4 Décembre

1642, Pierre Seguier, Garde des Sceaux & Chancelier, lui succéda. Les Assemblées de l'Académie se tinrent chez lui; & depuis le 28 Janvier 1662, jour de sa mort, nos Rois ont bien voulu en être les Protecteurs. L'institution de cette Compagnie, composée de quarante Académiciens, est de s'appliquer à mettre la Langue Françoise dans toute sa pureté. On a vu en conséquence éclore divers Ouvrages de son sein, dont le plus considérable est le Dictionnaire de l'Académie, Ouvrage très-estimé, qui renferme la vraie méthode pour bien apprendre la Langue Françoise. Mais cette Compagnie n'a pas borné son travail à cette seule tâche. Ses Membres s'occupent de différens ouvrages tendans à l'accroissement des Lettres; aujourd'hui elle travaille au Nécrologe des Hommes célèbres qui l'ont composée. Bien plus, elle s'est rendue l'organe de la Nation, en décernant des Eloges publics à tous les grands Hommes, & à ceux qui ont excellé dans différens genres de talens; c'est par une espece d'obligation qui tient à la fondation d'un prix de 600 liv. destiné au meilleur Ouvrage proposé sur un sujet de morale, qu'elle a aujourd'hui changé en un sujet d'éloges. Elle tient une Assemblée publique le 25 Août, & pendant l'année, trois particulieres par semaine, le lundi, jeudi & samedi.

M. le Comte de Falckenstein se rendit à cette Académie le samedi 17 Mai, la Compagnie en Corps, le reçut à l'entrée de l'anti-chambre; arrivé dans la Salle, le Comte de Falckenstein demanda qu'on lui nommât tous les Académiciens présens, & s'assit au milieu d'eux, sans vouloir prendre une place plus distinguée, quelqu'instance qu'on lui en fît. Pour lui donner une idée des divers objets dont l'Académie s'occupe, on fit en sa préfence différentes lectures. Le sieur d'Alembert, Secrétaire perpétuel, lut d'abord quelques synonimes, & ensuite un Eloge abrégé de Fénélon. Le sieur de la Harpe lut ensuite quelques morceaux du premier Chant de sa traduction en Vers françois de la Pharsale de Lucain; & le sieur Marmontel, le commencement d'un Discours en Vers sur l'Histoire. La Séance finie, l'Académie eut l'honneur de présenter à M. le Comte de Falckenstein un de ses jettons qu'il voulut bien accepter : elle en donna même à chacune des personnes qui l'accompagnoient. L'Académie lui demanda son Portrait qu'il lui fit espérer ; & après s'être informé de plusieurs choses relatives à la Compagnie, il sortit en marquant à ses Membres toute l'estime possible, & en exigeant qu'on ne le reconduisît pas.

ACADÉMIE ROYALE des Inscriptions & Belles-Lettres.

M. Colbert devroit être regardé comme le créateur de cette Académie, qui prit naissance dans sa propre maison en 1663. Elle fut établie pour l'accroissement des Belles-Lettres, expliquer les anciens monumens, & consacrer les événemens & l'Histoire de la Monarchie par des inscriptions, des médailles, &c. Elle est composée de trois sortes d'Académiciens, d'Honoraires, d'Associés & d'Académiciens libres, & distribue toutes les années deux Prix, dont l'un après la quinzaine de Pâques, de la valeur de 400 livres, fondé en 1773 par M. Durey de Noinville, Maître des Requêtes; & l'autre, le premier mardi ou vendredi après la S. Martin, fondé par M. le Comte de Caylus en 1754. Il consiste en une médaille d'or de 500 livres. Le sujet du Prix doit être une question relative à l'éclaircissement des Arts & des usages des anciens ; les Assemblées particuculieres de cette Académie, sont le mardi & vendredi de chaque semaine.

M. le Comte de Falckenstein assista le vendredi 16 Mai à une de ses Séances: dès que la Compagnie fut avertie de l'arrivée de cet illustre Etranger, elle alla au-devant de lui, & lui offrit la place de Président, qu'il refusa. Quand il eut pris séance, M. Dupui, Secrétaire perpétuel, fit un petit Discours dans lequel il rappella les travaux dont l'Académie s'est occupée depuis l'époque, ou s'arrêtent les Mémoires qui composent les deux nouveaux volumes de son Recueil, que le Public ne tardera pas à voir paroître. M. le Beau lut un Mémoire sur la *Discipline du Soldat légionnaire*. M. de Villeoison donna une courte notice d'un Manuscrit grec de l'Impératrice Eudoxie, qui n'a jamais été imprimé, & qu'il va publier. M. l'Abbé Ameilhon fit enfuite la lecture de deux Extraits ; l'un, de la Préface que M. Dupuy doit mettre à la tête d'un fragment grec d'Antemius, fur différens paradoxes de Méchanique, que cet Académicien fe propofe de donner au Public, avec une Traduction Françoife & des notes : l'autre Extrait, du premier Mémoire de fa compofition, fur la maniere dont les Anciens exploitoient les Mines d'or & d'argent, & fur leurs procédés dans la manipulation de ces deux métaux. Après la Séance, l'Académie préfenta à M. le Comte de Falckenftein un jetton, qu'il eut la bonté d'accepter. Les perfonnes qui l'accompagnoient en reçurent chacun un.

ACADÉMIE ROYALE des Sciences.

M. le Comte de Falckenftein avoit déjà affifté le 10 Mai à une féance de cette Académie. Cet Établissement, formé par les ordres du Roi en 1666 sans Lettres Patentes, a deux reglemens donnés depuis par le Roi, dont l'un du 26 Janvier 1699, l'autre du 3 Janvier 1716, en vertu desquels l'Académie est composée de quatre sortes d'Académiciens ; savoir, douze honoraires, vingt pensionnaires, trente-deux associés, & treize adjoints ; des trente-deux associés, il y en a huit étrangers, douze qui ne sont attachés à aucun genre de sciences & qui composent la classe des associés libres ; les douze autres, ainsi que les vingt pensionnaires & les treize adjoints doivent être établis à Paris. Cette Académie, qui consacre ses travaux aux progrès des sciences, tient deux séances publiques dans l'année, l'une le lendemain de la Quasimodo, l'autre le lendemain de la S.-Martin, & distribue différens prix dans la première. Les jours de ses assemblées particulières sont les mercredis & samedis de chaque semaine.

Voici ce qui s'est passé dans celle de samedi 10 Mai : lorsque M. le Comte de Falckenstein y arriva, la séance étoit déjà commencée ; il se plaça, malgré les instances de l'Académie d'accepter une place distinguée, sur une des chaises destinées aux étrangers, que l'Académie admet quelquefois à ses séances particulières ; M. Lavoisier, Membre de cette Académie, lisoit un Mémoire sur les altérations qui arrivent à l'air dans différentes circonstances, & sur les moyens de ramener l'air vitié, soit par la respiration des hommes ou des animaux, soit par telle autre cause que ce soit, à l'état d'air respirable. Cet Académicien démontra par des expériences multipliées, comment on pouvoit décomposer l'air de l'atmosphère en demi-portions; l'une salubre respirable susceptible d'entretenir la vie des animaux, la combustion & l'inflammation; l'autre, au contraire, funeste pour les animaux qui la respirent & dans laquelle les lumieres & les corps allumés s'éteignent dans l'instant. Après avoir ansi décomposé de quelque façon l'air, il fit voir comment on pouvoit le recomposer, & refaire avec trois parties d'air nuisible & une d'air salubre, un air factice, tout semblable à celui de l'atmosphère & qui réunit toutes les mêmes propriétés.

De ces connoissances sur l'état le plus habituel & le plus ordinaire de l'air de l'atmosphère, M. Lavoisier passa aux altérations qu'il éprouve dans un grand nombre de circonstances; il fit voir que la respiration des hommes & des animaux avoit la propriété de convertir en air fixe la portion salubre de l'air, de sorte que dans les salles de spectacles, par exemple, & dans les dortoirs des Hôpitaux, où l'air a été long-tems respiré, il existe deux espèces d'air nuisible, savoir, la partie nuisible propre à l'air, & qui entre dans sa composition, & la portion d'air fixe qui s'est formée par l'effet de la respiration. Mais une circonstance très-remarquable, c'est que ces airs ne se mêlent point aisément entr'eux. M. Lavoisier démontra qu'il existe dans les salles de spectacles trois couches d'air très-distinctes : la supérieure est la plus nuisible ; la moyenne, qui est la plus respirable, & l'inférieure qui tient une quantité notable d'air fixe. Delà ce Physicien entra dans des réflexions sur la construction des Salles des Hôpitaux & les moyens qu'on peut employer pour donner issue aux deux espèces d'air nuisibles qui s'y forment continuellement.

Le court espace de tems fixé pour la séance, le contraignit de discontinuer la lecture de ce Mémoire très-intéressant, & le Public fut ainsi privé d'en entendre la dernière partie qui renferme les moyens de corriger les airs vitiés & de les ramener à l'état respirable.

M. *Lavoisier* accompagna la lecture de son Mémoire d'une Expérience sur les effets de l'air fixe. Il fit mourir, d'après ces principes, un oiseau qui ne revint à la vie, qu'après qu'on lui eut frotté plusieurs fois le dedans du bec avec un peu d'alkali volatil fluor. Il s'envôla dans la salle; & l'Assemblée demanda son entiere liberté, qui lui fut accordée. Cette Expérience démontre qu'il y a un remede aux asphyxies, & sur-tout à celles qui sont méphitiques, qu'on pourra employer plus utilement pour le bien de l'Humanité.

M. le Roi, Directeur de l'Académie, lut ensuite un court abrégé d'un Mémoire de sa composition, sur la construction des Hôpitaux. Cet extrait avoit été fait exprès pour la séance. Les personnes qui s'intéressent à la chose publique ne seront pas fâchés de le trouver ici.

PRÉCIS

Très-abrégé d'un Ouvrage intitulé : *Réflexions sur les Hôpitaux, où l'on expose les principes résultans des Observations de Médecine & de Physique, qu'on doit avoir en vue dans la construction de ces sortes d'Edifices, avec un Essai d'Hôpital, disposé d'après ces principes.*

« DE toutes les parties de l'œconomie publique, il n'y en a pas qui méritent plus l'attention du gouvernement, que les Hôpitaux; & si la Religion & l'humanité les ont fondé autrefois, le bien de l'État, la justice même exigent aujourd'hui qu'il s'en occupe & qu'il porte ses regards bienfaisans sur cet objet important. En effet, si les denrées sont montées actuellement en Europe à un prix si excessif, relativement aux salaires,

» que

» que le malheureux qui ne vit que
» du travail de ses mains, soit forcé
» de dépenser journellement pour vi-
» vre tout ce qu'il a gagné à la sueur
» de son corps, dès qu'il est malade
» tout est perdu pour lui, car jamais
» son œconomie ne pourra le sauver
» des malheurs qui l'attendent dans
» cette fâcheuse situation. Les riches
» & l'État qui profitent de son tra-
» vail & qui l'ont à si bas prix, doi-
» vent donc faire alors pour lui ce que
» sa misere l'empêche de faire pour lui-
» même, autrement sa condition seroit
» pire que celle des esclaves & des sau-
» vages qui vivent dans les forêts de
» l'Amérique; car la vie que ces
» derniers menent, leur donne une
» force & une vigueur, qui rendent
» leurs maladies & beaucoup moins
» fréquentes & beaucoup moins dan-
» gereuses que celles du peuple dans
» nos contrées.

» Mais si la justice & le bien de

» l'État exigent qu'il y ait des hôpitaux,
» pour que les pauvres y ayent recours
» dans leurs maladies, le Gouverne-
» ment est encore fortement intéressé
» à ce qu'ils y trouvent des secours
» efficaces contre leurs maux, & non
» une mort souvent plus certaine que
» s'ils étoient abandonnés aux simples
» ressources de la nature. Sans cela,
» ces asyles de charité ne présentent
» que des secours trompeurs, qui, en
» préciptant une multitude de malheu-
» reux dans le tombeau, causent une
» mortalité funeste ; cependant, nous
» sommes forcés de le dire, c'est ce qui
» arrive dans beaucoup d'hôpitaux.

» Infiniment touché de cette triste
» vérité, je fis beaucoup de réflexions
» à leur sujet dans le tems de l'incen-
» die de l'Hôtel-Dieu, & particulière-
» ment sur les moyens de remédier
» aux défauts de leurs constructions.

» Par l'examen que j'en fis, il me
» parut qu'on avoit tout-à-fait oublié

» cette grande vérité si bien prouvée de
» nos jours; savoir, qu'un grand nom-
» bre d'hommes réunis ensemble se
» trouvent uniquement, par la nature
» de leur organisation & de leur cons-
» titution, dans un état prochain de
» maladie, & que cet effet si certain
» augmente beaucoup encore lorsqu'ils
» sont malades; je conclus de cette
» réflexion que les deux premiers objets
» qu'on devoit avoir en vue, par rap-
» port aux hôpitaux, c'étoit 1°. de les
» rendre les moins nombreux qu'il est
» possible relativement à leur établisse-
» ment, & ensuite de faire une étude
» particulière de leur construction, pour
» prévenir, au moins en partie, la cor-
» ruption de l'air inévitable dans ces
» sortes de grandes maisons. Car,
» comme on ne peut traiter tout à la
» fois un grand nombre de malades,
» qu'ils ne soient rassemblés jusqu'à un
» certain point dans un même lieu, il
» faut faire tous ses efforts pour remé-

» dier aux inconvéniens qui en résultent
» nécessairement, ou au moins pour
» les diminuer, & ce n'est, comme
» je l'ai déjà dit, qu'en étudiant la
» manière de disposer les hôpitaux
» & d'en construire les salles le plus
» avantageusement possible qu'on pour-
» ra y parvenir; cependant si on jette
» un coup-d'œil sur la plûpart des
» hôpitaux qui ont été construits jus-
» qu'ici, on verra sans peine que, par
» rapport à leur disposition générale &
» à celle de leurs salles, ils sont très-
» loin de répondre à ce que l'un &
» l'autre demandent pour remplir l'ob-
» jet important dont je viens de parler;
» c'est ce que je ne serois pas embar-
» rassé de prouver, si c'étoit ici le lieu
» d'entrer dans les détails nécessaires
» sur cette matière.

» Mais il ne suffit pas de faire voir
» la mauvaise disposition des choses;
» il faut, dans un objet d'une si grande
» importance, tâcher encore d'y remé-

» dier en indiquant les moyens propres
» à y réussir ; & c'est à quoi je me suis
» efforcé de parvenir, & dont l'assem-
» blée qui me fait l'honneur de m'en-
» tendre va juger par l'exposition de la
» nouvelle construction que j'ai ima-
» giné pour un Hôpital où on traite
» des malades.

» Les observations de Physique &
» de Médecine montrant évidemment
» que toutes les formes d'Hôpital où
» les salles se tiennent, ne peuvent
» absolument répondre à l'objet qu'on
» doit se proposer, il falloit commen-
» cer par les séparer les unes des autres,
» c'est ce que j'ai fait. On peut voir
» par le plan que mes Salles sont en-
» tièrement isolées les unes des autres
» & rangées comme les tentes dans
» un camp, ou comme les pavillons
» dans les jardins de Marly.

» Par cette disposition, chaque Salle
» forme comme une espèce d'isle dans

» l'air, & se trouve environnée d'un volume considérable de ce fluide que les vents pourront emporter & renouveller facilement par le libre accès qu'ils auront tout au tour. Cet air étant ainsi renouvellé & frais, servira à son tour à renouveller celui des Salles, sans que le mauvais air des uns puisse se reporter dans les autres.

» L'ordre ou la disposition des Salles de l'Hôpital étant établi, je n'aurois résolu que la moitié du problême, si je ne m'étois attaché ensuite à leur donner une forme intérieure par laquelle l'air s'y renouvellât sans cesse, & d'une manière tellement graduée qu'elle n'incommodât en aucune façon les malades, cette partie étant de la plus grande conséquence.

» Pour remplir cet objet il falloit leur donner une forme telle que, d'après les loix de la circulation de l'air,

» cet effet important pût y avoir
» lieu : voici donc comme elles font
» construites.

» Au lieu d'avoir d'un bout à l'autre
» un plafond tout uni comme dans les
» Salles ordinaires, le haut est partagé
» (ainsi qu'on peut le voir, par la
» coupe d'une de ces Salles,) le haut
» est partagé, dis-je, entre dix ou
» douze parties, plus ou moins selon sa
» longueur. Chacune de ces parties est
» formée en voûte, ensorte que le
» sommet de chaque voûte se trouve
» précisément au milieu de la largeur de
» la Salle : par là toutes les particules
» d'air au-dessous de ces voûtes peu-
» vent s'élever par l'inclinaison de leur
» parois, & ainsi monter facilement
» jusques en haut. On conçoit qu'il
» y en a autant qu'il y a de divisions
» dans la longueur de la Salle. Au som-
» met de chacune de ces petites
» voûtes, se trouve une ouverture
» qui donne dans un tuyau élevé sur

» le comble, exactement comme ce-
» lui d'une cheminée.

» Le plancher de la Salle en bas
» est percé de distance en distance &
» dans le milieu de sa largeur, comme
» on le voit dans le plan de cette
» Salle, par des ouvertures commu-
» niquant avec l'air intérieur, & for-
» mant comme des soupiraux par où il
» peut entrer dans les Salles. J'appelle
» ces ouvertures, des puits à air,
» parce que c'est en effet par ces ou-
» vertures que l'air extérieur entrera
» dans ces Salles, ou qu'on le tirera
» de dehors. On pourra en regler à
» volonté la quantité qui en passera,
» suivant les différentes saisons.

» Il est presque inutile de s'arrêter
» à expliquer comment l'air se renou-
» vellera dans ces Salles, & d'une
» manière graduée, car on compren-
» dra facilement que les malades &
» les sœurs qui occuperont la région
» inférieure avec le feu nécessaire pour

» faire chauffer les remèdes, exciteront
» une chaleur dans l'air de cette ré-
» gion ; or, l'air chaud montant tou-
» jours en haut, celui-ci ne manquera
» pas de l'élever, & enfilant les petites
» voûtes à cause de leurs formes, il
» s'y précipitera, entrera dans ces ou-
» vertures qui sont à leur sommet &
» sortira par leurs tuyaux.

» Cet effet se fera d'autant plus
» facilement, que les puits à air d'en
» bas en fourniront continuellement, &
» que les ouvertures par où ces puits
» recevront l'air extérieur seront plus
» basses que le haut des cheminées,
» ou qu'il y aura une plus grande
» différence de niveau entre ces deux
» points. Ces Salles seront d'ailleurs
» très-faciles à échauffer, ces puits à
» air pouvant être construits de ma-
» nière qu'on mette dessus des grilles
» en réchaud qui contiendront le feu
» nécessaire pour cet effet. On pourra
» de même établir auprès de ces puits,

« des poëles qui en tireront l'air; que
« si l'on veut en accélérer le renouvel-
« lement dans les Salles, soit à cause
« des maladies qu'on y traite, ou
« du peu de pesanteur de l'atmosphère
« qui rend toujours la circulation de
« l'air plus difficile, il ne faudra pour
« y parvenir que pratiquer au haut des
« voûtes de quoi établir du feu ou un
« brasier, car la consommation d'air
« produit par ce feu, augmentera la vi-
« tesse avec laquelle ce fluide se por-
« tera vers le haut, & par conséquent
« accélérera le renouvellement.

« Ainsi, par cette seule construction
« des Salles, on n'aura pas besoin d'y
« établir des vents, les lieux pour y
« produire un grand renouvellement
« d'air, il suffira de ces feux au haut
« des voûtes. Il est à remarquer de
« plus que par cette disposition des
« Salles, leur effet est d'autant plus as-
« suré, que ce sont à la lettre des vé-
« ritables cheminées dans lesquelles il

» y aura un courant d'air direct & per-
» pétuel du bas en haut ; enfin, qu'en
» conséquence de cette direction, ce
» courant ne pourra porter en aucune
» façon les parties morbifiques ou con-
» tagieuses d'un malade sur l'autre :
» or, c'est un point de la plus grande
» importance pour leur conservation.

» Pour les mettre même encore plus
» à l'abri de ce danger, j'ai imaginé,
» comme cela est indiqué dans la coupe
» & dans le plan de ces salles, des es-
» peces de paravent sensiblement plus
» haut que les lits qu'ils séparent, non-
» seulement pour empêcher que les
» malades ne soient témoins récipro-
» quement de leurs maux & de leurs
» agonies, mais encore pour diriger la
» colonne d'air plus directement de bas
» en haut, & empêcher la communi-
» cation de l'air des uns aux autres.

» J'ose assurer que si, pour en faire l'é-
» preuve, on excitoit une grande fumée
» dans une salle ainsi construite, elle

« seroit, par cette seule disposition,
« promptement dissipée, en ouvrant
« les puits à air d'en bas, & les tuyaux
« des cheminées d'en haut.

« Au reste, en proposant cette
« épreuve, je ne voudrois pas que ce fût
« en vain; je voudrois qu'elle se fît
« réellement dans une salle en petit,
« qui serviroit comme de modele: car
« je ne prétends en aucune façon que
« cette disposition de salle soit telle-
« ment parfaite, qu'on ne puisse pas
« la perfectionner ou même la chan-
« ger. Je la donne seulement comme
« celle qui, après y avoir beaucoup
« réfléchi, m'a paru la mieux cons-
« truite, d'après les propriétés, & les
« expériences de l'air que nous con-
« noissons.

« D'ailleurs, une salle d'Hôpital est,
« si cela se peut dire, une véritable ma-
« chine à traiter des malades; on doit
« la considérer sous ce point de vue:
« or toute machine, comme on sçait,

» n'est portée à sa perfection, qu'après
» un grand nombre de tentatives &
» d'expériences ; & je le répete, on ne
» perfectionnera jamais la disposition &
» la construction des salles d'Hôpital,
» qu'en les envisageant de cette ma-
» niere.

» Je dois ajouter que pour les ma-
» ladies contagieuses, comme la petite-
» vérole, la fievre maligne, le scorbut
» & autres, je compte qu'on établira des
» salles entiérement éloignées de celles
» qui doivent composer le corps de l'Hô-
» pital, & qu'elles seront situées, pour
» parler comme les Marins, *sous le vent*
» de celles-ci, afin que leur mauvais air
» ne puisse être poussé, ou au moins
» que très-rarement, de leur côté.

» Telle est en général la disposition
» de l'Hôpital que je propose, & la
» construction des salles qui doivent le
» composer.

» Je ne doute pas qu'on ne fasse un
» grand nombre d'objections contre un

» projet d'Hôpital aussi différent des
» autres, je ne m'arrêterai pas ici à y
» répondre; je ne parlerai que de celles
» dont on s'occupe le plus, je veux
» dire de la dépense que demandera cet
» Hôpital pour être exécuté.

» Je remarque d'abord que tous les
» bâtimens qui appartiennent à ce qu'on
» appelle le service, ne seront pas dif-
» férens de ceux des autres Hôpitaux, &
» ainsi que la dépense sera entierement
» la même à cet égard que dans les Hô-
» pitaux. L'objection, quant à la dé-
» pense, ne peut donc tomber que sur
» les salles; mais les frais nécessaires
» pour les bâtir ne seront pas à beau-
» coup près aussi grands qu'ils pour-
» roient le paroître de simple vue; car,
» si l'on excepte l'espece d'étage ou de
» soubassement sur lequel ces salles se-
» ront établies, pour être suffisamment
» élevées au-dessus du sol, elles pour-
» ront être bâties très - légerement,
» même en bois si on le vouloit. Une

» grande, une extrême propreté, un
» air aussi pur qu'il est possible, sont
» la vraie, la seule magnificence qu'il
» faille rechercher dans ces édifices;
» il n'y en a pas de plus grande, puis-
» qu'elle a l'objet le plus noble, la con-
» servation des hommes.

» Il est vrai que cet Hôpital, par sa
» disposition, demande un emplace-
» ment étendu; mais c'est la chose
» même qui l'exige: on ne peut trop
» le redire; il vaudroit infiniment mieux
» pour les malades, qu'ils fussent éta-
» blis, seul à seul dans des lits, même
» sur la paille, sous des tentes placées
» dans une cour ou dans un jardin,
» que d'être multipliés & entassés dans
» les salles de la maniere horrible dont
» ils le font dans l'Hôtel-Dieu & dans
» d'autres Hôpitaux; il est de toute
» évidence, par tout ce que j'ai dit,
» qu'il en périroit beaucoup moins ».

M. Leroy avoit joint à cet Abregé
le plan d'un Hôpital construit sur ces

principes, qu'il eut l'honneur de faire voir à M. le Comte de Falckenstein. Cet Académicien a obtenu la permission de lui envoyer à Vienne un exemplaire de son Mémoire, lorsqu'il sera imprimé.

M. de Montigny fit après cette lecture, avec MM. Bezoud & de Vandermonde, le rapport d'une éprouvette, que MM. Lavoisier, Clouet, Lefaucheux & de Glatigny, Régisseurs des Poudres, ont fait construire à l'Arsenal de Paris, d'après les ordres du Ministre, & suivant la Méthode du Chevalier d'Arcy. La précision de cet instrument surpasse tout ce qui a été exécuté jusques ici en ce genre; les Commissaires nommés par l'Académie pour l'examiner, & en rendre compte, firent sentir tout l'avantage qu'on pouvoit en tirer pour le Service du Roi, & ils annoncerent que les Régisseurs des Poudres avoient commencé une suite d'expériences très-intéressantes, sur les moyens de perfectionner les Poudres, & de les faire meilleures, à plus bas prix, & en moins de tems.

M. le Chevalier d'Arcy termina la Séance en préfentant à M. le Comte de Falckenftein & à l'Académie, un Fufil de fon invention déjà connu, mais auquel il avoit fait des changemens. Le Soldat, avec ce Fufil, peut tirer plus fûrement un plus grand nombre de coups en un tems donné, & porter plus loin la balle. Ce nouveau Fufil a d'ailleurs l'avantage de faire tirer facilement & fans danger trois rangs à la fois. On peut voir la defcription & les propriétés de ce Fufil dans un Livre qui a pour titre : *Recueil de pieces fur un nouveau Fufil*, par M. le Chevalier d'Arcy, Maréchal - des - Camps & Armées du Roi, & fe trouve chez Couturier, pere, Imprimeur-Libraire, aux Galeries du Louvre.

ACADÉMIE ROYALE de Peinture & de Sculpture.

Ces deux Ecoles de Peinture & de Sculpture n'en forment qu'une feule fous cette dénomination. L'Etabliffement de cette Académie a été confirmé par des Lettres patentes dans l'année 1663. A cette époque, fa Salle étoit au Palais Royal ; aujourd'hui, & depuis 1692, elle eft placée au Louvre. Elle eft remarquable par le nombre & la beauté des Tableaux, & décorée de divers Monumens de fculpture. Les uns & les autres font la plûpart des productions des plus habiles Maîtres, & des chef-d'œuvres de réception des Membres de l'Académie. Cet objet a été un de ceux pour lequel M. le Comte de Falckenftein a montré le plus d'empreffement à voir. Il vifita cette Salle le 27 Avril : fon attente ne fut pas trompée ; mais fa curiofité ne fut cependant pas fatisfaite fur ce qui concerne ces deux Arts. En conséquence, il voulut connoître plus particuliérement leur état actuel.

Pour juger des progrès ou de la décadence des Arts, il ne faut pas considérer des Monumens anciens, qui ont survécu malgré le tems à la gloire de leurs Auteurs ensevelis, & peut-être ignorés d'une Nation. Cette même Nation peut avoir été conquérante, & maintenant enorgueillie par ses victoires, tombée dans une honteuse oisiveté; elle peut avoir aimé & cultivé les Arts, & après quelques siecles de gloire, méprifer les talens, & négliger l'industrie. Les Romains ne furent pas toujours conquérans; il fut un tems chez eux où les Arts ne furent plus honorés. L'instant de la décadence de leur Empire arriva, & de degrés en degrés, sa chûte ne tarda pas à effrayer la Puissance disposée à profiter de ses ruines.

La science du Voyageur consiste

principalement à connoître à quel point actuel, ou de grandeur ou de déclinaisons ont montés ou descendus les Peuples qu'il visite, si l'équilibre regne dans toutes les parties de leur Gouvernement. Je ne m'étonne pas que M. le Comte de Falckenstein ait encore ici donné des preuves de son profond jugement, & n'ait pas voulu s'en tenir à de belles apparences qui peuvent être trompeuses, en joignant à son étude les plus longs détails. Quel plus beau spectacle que de voir un Etranger de ce rang, aller d'Attelier en Attelier! Quelle gloire a fait rejaillir sur la Nation cette noble curiosité! M. le Comte de Falckenstein avoit déja conçu une haute idée du Gouvernement, où les talens sont protégés d'une faveur si singuliere, où pas un coin de cet immense Palais (le Louvre) ne leur soit consacré. Mais il fut étonné de leur activité, & de ce qu'en visitant chaque Attelier, sans consulter sa lassitude, occafionnée par le nombre des marches qu'il lui fallut monter pour ce long exercice, tous les Artiftes, Peintres, Sculpteurs, Graveurs, Architectes étalerent devant lui une infinité d'ouvrages achevés ou prêts à l'être. Je voudrois en faire une defcription ; mais ce détail exigeroit un volume entier. D'ailleurs le Public a pu fatisfaire fon envie à ce fujet, & porter fon jugement fur ces différentes productions du génie, lors de leur expofition au Salon de peinture & de Sculpture, qui s'eft faite cette année depuis le 25 Août jufqu'à la fin de Septembre.

Qu'un Philofophe fe prévale tant qu'il voudra de l'afcendant fuprême qu'il a fçu prendre par fes leçons dans quelques efprits, en leur perfuadant que les Sciences & les Arts font moins utiles que pernicieux à la Société, je ne refuterai pas ce fyftême abfurde, peu adopté, & auffi folidement combattu que détruit : je dirai seulement à la gloire des Sciences & des Arts, que les Peuples chez lesquels ils ne sont pas en honneur, ne sont pas les plus heureux. Et quelle perte en effet que celle des belles découvertes que nous avons faites, & des grandes leçons que nous avons reçues, au moyen des Arts & des Sciences ? Si on les regarde comme funestes par rapport à leurs abus, on aura raison : mais de quoi les hommes n'ont-ils pas abusé ? Tout ce dont leur méchanceté les a porté à faire un mauvais usage doit-il être rejetté ? Je conviens que plusieurs de leurs inventions ont eu & ont encore le triste avantage de nuire à la plûpart d'entr'eux, & même à leurs Auteurs. L'Art de la navigation, d'abord plus nuisible, & aujourd'hui trop utile pour être abandonné, a été long-tems un fleau avant qu'il eût atteint le degré de perfection où nous le voyons aujourd'hui, & dont un Sçavant (*) veut encore faire disparoître une partie des dangers qui existent. L'invention de la poudre à canon est d'autant plus abominable, que nulle vertu humaine ne peut même en diminuer les effets. Mais si l'esprit infernal de l'homme a imaginé des moyens les plus prompts pour se détruire, combien des belles inventions tendent à sa conservation: celle de la Boussole, de la Géographie, de l'Art du Pilotage, &c. ne sont-elles pas de ce genre? Mon dessein n'est pas de faire l'énumération de toutes celles dont l'homme retire la plus grande utilité.

Je m'arrête à celle de la Peinture & de la Sculpture. Il y a différens genres de ces deux Arts; l'un & l'autre peuvent être, ainsi que la Poësie, regardés comme un Art de pur agrément, quand ils traitent des sujets légers. Mais si le Peintre & le Poëte

_____

(*) M. de Berniere.

consacrent leur plume & leur pinceau à transmettre à la postérité les actions vertueuses, les portraits des grands Hommes, alors la Peinture est un Art sublime, la Poësie est le langage des Dieux. C'est de cette seule maniere que ces deux Arts sont estimables: l'Histoire des Héros est un champ bien vaste pour l'un & pour l'autre, & d'autant plus beau que le tableau de leurs actions, est un miroir où chacun peut se reconnoître. Rien n'est plus vrai, que ce qui frappe fortement les sens, fait dans la suite la même impression sur le cœur. C'est donc ce genre de l'Histoire qu'il faut s'appliquer à entretenir, si l'on veut faire aimer la vertu ; aussi a-t-on pris à tâche aujourd'hui de ranimer parmi les Artistes ce genre un peu négligé. Plusieurs d'entr'eux ont été chargés de travailler à différens tableaux concernant l'Histoire; le nombre de ceux-ci a été fixé à dix, dont six pour l'Histoire Romaine, deux

pour

pour celle de France, & deux autres tirées de la Fable. Je n'entreprendrai pas de détailler les diverses parties de leur composition, ni de parler de ce qui concerne le dessein, l'ordonnance & le coloris. Je n'en peindrai pas même les situations, cet objet seroit encore trop long ; je me contenterai d'en indiquer simplement les sujets, & le nom des Auteurs.

Le sujet des six premiers sont, Cimon, Général Athénien, qui par désintéressement fait abattre les murs de son jardin, pour en laisser l'entrée libre au Peuple, & qu'il participe à ses fruits. M. Hallé, Chevalier de l'Ordre du Roi, a été chargé de l'exécution de ce Tableau.

Le Consul Fabricius, qui refuse les présens des Députés des Samnites, par M. Lagrenée.

Porcia, femme de Brutus, assassin de César, se fait dans la nuit de la veille où César devoit être assassiné, une blessure à la cuisse avec un rasoir, & fait appeller Brutus en présence de toutes ses femmes, pour lui prouver sa tendresse, & qu'elle ne lui survivra pas si° la conjuration vient à échouer. Ce Tableau est de M. Lépicier.

Crescinus, Affranchi Romain, accusé de sortilége, comparoît devant l'Assemblée du Peuple, & est justifié par l'Edile à qui il montre ses instrumens de labourage & sa famille, en s'écriant: *voilà mes sortiléges*, par M. Brunet.

Cleobis & Biton, fils d'Argia, Prêtresse de Junon, traînent dans un char leur mere au Temple, à défaut de bœufs, dans l'instant du sacrifice. On sçait de quelle maniere leur amour pour leur mere fut récompensé. M. Durameau a été chargé de ce Tableau.

Le respect pour la Religion, représenté par Lucius Albinus, Citoyen Romain, qui, fuyant avec sa famille de Rome, prise & saccagée par Brennus, Chef des Gaulois, rencontre les Vestales qui étoient à pied, & les fait monter sur son char, dont il fait descendre sa femme & ses enfans; ce Tableau a été confié au pinceau de M. la Grenée le jeune.

Voici les sujets des Tableaux de l'Histoire de France.

La continence du Chevalier Bayard, qui remet une jeune prisonnière de qualité à sa mère & la dote: M. Durameau a été chargé de ce Tableau.

Les honneurs rendus au Connétable Bertrand du Guesclin après sa mort par la Ville de Randan; celui-ci est de M. Brunet.

Les sujets de la Fable sont, Céphale enlevée par l'Aurore, dont M. Vanloo a été chargé.

Galatée sur les eaux, par M. Taraval.

Le Roi toujours animé du désir de perfectionner les Arts, & plein d'un sentiment de respect pour les grands hommes qui ont été pendant leur vie l'ornement de la France, a fait reproduire leurs traits fur le marbre.

M. le Comte de Falckenftein, en parcourant les atteliers du Louvre, vit chez différens Sculpteurs quatre ftatues de ces hommes célèbres.

La première eft celle de René Defcartes, mort à Stockholm le 11 Février 1650, âgé de près de 54 ans. Son corps a été tranfporté en France en 1666; fes offemens & fes cendres qui reftèrent alors, furent enfermées dans un cercueil de cuivre, & le tout fut dépofé à l'Églife de Sainte Genevieve, où on lui dreffa un monument très-fimple contre la muraille; au-deffus de fon tombeau, on voit deux infcriptions, l'une latine en ftyle lapidaire, & l'autre en vers françois. L'Academie Françoife a propofé l'éloge de ce fameux Philofophe en 1765, dont le Prix a été remporté par M. Thomas, Membre de la même Académie: fa ftatue eft de M. Pajou. M. le Comte de Falckenstein en voyant cette statue qui n'étoit pas alors achevée, dit à M. Pajou, *vous donnerez sans doute à celle-ci un air penseur.*

La seconde est celle de Michel de l'Hôpital, Chancelier de France en 1560, mort à Viguay le 15 Mars 1573, âgé de 66 ans.

L'Académie des Jeux Floraux de Toulouse a proposé son Éloge pour sujet du Prix d'Éloquence qui a été distribué le 3 Mai 1776. L'Académie Françoise l'a proposé de son côté pour le Prix de cette année, qui a été remporté par M. l'Abbé Remi, Avocat au Parlement : la statue de ce Magistrat a été exécutée par M. Gois.

La troisième est celle de Maximilien de Bethune, Duc de Sully, Surintendant des Finances, Grand-Maître de l'Artillerie & Principal Ministre sous Henri IV, mort à Villebon le 22 Décembre 1641, âgé de 81 ans. M. Thomas a aussi remporté le Prix de son Éloge en 1763, proposé par l'Académie Françoise : cette statue est de M. Mouchi.

La quatrième est celle de Salignac de la Motte de Fenelon, Archevêque de Cambrai, mort le 7 Janvier 1715, âgé de 63 ans. L'Académie Françoise a aussi proposé son éloge, dont M. de la Harpe a remporté le prix en 1771. Cette dernière est de M. Lecomte.

Ces quatre Statues, qui ont chacune six pieds de proportion, sont destinées, ainsi que les derniers Tableaux dont je viens de parler, pour la Galerie du Louvre, autrement dite celle des Plans, où l'on se propose de rassembler tout ce que ces deux Arts de la Peinture & Sculpture ont de plus précieux.

Un des Monumens modernes qui a causé l'admiration de M. le Comte de Falckenstein, est le Mausolée élevé à la mémoire de Louis Dauphin de France, fils de Louis XV & pere du Roi règnant, mort à Fontainebleau le 30 Décembre 1765, âgé de 36 ans

5 mois, & de Marie-Joſephe de Saxe Dauphine de France, ſa ſeconde épouſe & mère de Louis XVI, morte à Verſailles le 13 Mars 1767 à 35 ans 4 mois, dont les corps ont été dépoſés dans le caveau du chœur de l'Égliſe Métropolitaine de Sens. Ce Mauſolée eſt de M. Couſtou, Sculpteur, Chevalier de l'Ordre du Roi, dont j'aurai lieu de parler plus bas, & fils du célèbre Couſtou, Sculpteur, dont Paris, Verſailles & Marly poſſédent les chef-d'œuvres. Ce morceau unique, d'un nouveau genre & d'une noble exécution, qui ne dément pas les ouvrages du nom de ſon auteur, au jugement des plus habiles Maîtres en cette partie, doit être mis au nombre des plus belles productions de l'Art. Il a été exécuté par ordre du feu Roi. Chacun a pu le voir dans l'attelier de l'Artiſte ſur la Place du Louvre, juſqu'à ce qu'enfin il vient d'être transféré à l'Égliſe de Sens. Il doit être placé au milieu

du chœur, au lieu même où l'on voyoit la pierre de marbre sur laquelle est gravée une Inscription. En voici l'explication :

Ce Tombeau présente un piedestal, sur lequel sont deux urnes liées ensemble d'une guirlande de la fleur qu'on nomme Immortelle.

Du côté de l'Autel une figure de grandeur naturelle, représentant l'Immortalité, est debout occupée à former un faisceau ou trophée des attributs symboliques des vertus de Mgr. le Dauphin, telles que la Pureté désignée par une branche de Lys, la Justice par une Balance, la Prudence par un Miroir entouré de Serpens, &c. Aux pieds de l'Immortalité est le Génie des Sciences & des Arts, dont ce Prince faisoit ses amusemens ; à côté, on voit la Religion sous la figure d'une femme, de même grandeur, aussi debout & tenant d'une main une Croix & posant de l'autre sur les urnes une couronne d'étoiles, symbole des récompenses célestes destinées aux vertus chrétiennes dont ces deux époux ont été les plus parfaits modèles.

Du côté qui doit faire face à la Nef de l'Église, le Tems, figure de même grandeur, caractérisé par ses attributs, étend le voile funéraire déjà posé sur l'Urne de Monseigneur le Dauphin, mort le premier, sur celle de Madame la Dauphine. A côté, l'Amour conjugal, sous la forme d'un jeune-homme, de pareille grandeur que les trois autres, son flambeau éteint, regarde avec douleur un enfant qui brise les chaînons d'une chaîne entourée des fleurs symboles de l'Hymen.

Les faces latérales ornées des cartels aux armes du Prince & de la Princesse, feront consacrées aux inscriptions qui doivent faire passer à la postérité la mémoire de leurs vertus.

La Galerie de Rubens au Palais du

Luxembourg, où se trouvent vingt-un Tableaux de la vie de Marie de Médicis, Reine de Fance, épouse de Henri IV & mère de Louis XIII, peints par ce Peintre immortel, est une de ces curiosités qui frappe & enleve autant de fois qu'on la considère. Les Salles qui sont du côté opposé du même Palais renferment une collection précieuse de Tableaux, appartenants au Roi, des plus habiles Maîtres. Elles attirent les Mercredis & Samedis de chaque semaine, jours où elles sont ouvertes, un concours d'étrangers. Ces dernieres vont bientôt être fermées; & tous les Tableaux feront transferés à la Galerie du Louvre, ainsi que tous ceux qui appartiennent au Roi, & se trouvent épars en différens endroits. Le Public aura alors l'avantage de voir d'un même coup-d'œil tant de belles productions du génie, dont il devra l'assemblage au goût & à l'attention de celui qui préside aux Arts.

Après avoir satisfait sa curiosité sur ces divers objets, M. le Comte de Falckenstein vit encore dans différentes Salles du même Palais, plusieurs Tableaux peints sur bois d'Eustache le Sueur, représentants la vie de S. Bruno. Ils appartenoient autrefois aux RR. PP. Chartreux. On les voyoit dans leur petit Cloître où ils étoient exposés à être dégradés. Et en effet ils l'étoient déjà. Aujourd'hui on travaille à les restaurer. M. le Comte de Falckenstein en a vu quelques-uns totalement rétabli. Mais la générosité avec laquelle les PP. Chartreux ont fait ce sacrifice au Roi, mérite qu'on la raconte. On avoit fait sentir à ces Religieux combien un monument si précieux étoit digne d'appartenir au Roi, dont l'intention étoit d'exposer au plus grand jour, pour l'honneur de la Nation & des Arts, de pareils chef-d'œuvres, les PP. Chartreux délibérerent d'en faire un hommage à Sa Majesté. En conséquence, les Prieur & Procureur de l'Ordre se rendirent à Versailles où ils furent présentés au Roi, qui voulut bien accepter leur présent, présent d'autant plus beau que ces Peres en le faisant, n'ont formé d'autre desir que celui de plaire à Sa Majesté & de contribuer à la gloire de son règne.

M. le Comte de Falckenstein avoit déjà visité le Palais Royal où M. le Duc d'Orléans, premier Prince du Sang, possede une collection rare de Tableaux de Grands-Maîtres des trois Ecoles. M. le Comte de Falckenstein voulut les examiner seul en présence de celui qui est chargé de faire voir la Galerie, où ils sont conservés. Son attention ne laissa échapper aucun de ces objets intéressants. Il vit aussi avec la plus grande satisfaction dans la Galerie, dite anciennement de Coypel, différens modèles de métiers parfaitement exécutés par les Sieurs Perrier, dont le Public connoît les différens talens

Ces Mécaniciens depuis quelque-tems se proposent de construire & établir des machines à feu pour élever l'eau de la Seine & la distribuer chaque jour dans tous les Quartiers & dans toutes les Maisons de Paris, aux Particuliers, Corps & Communautés qui en désireront, pour la somme annuelle de 50 livres par muid. Ce projet est le même que celui qui a été éxécuté avec le plus grand succès à Londres.

Pour s'assurer de la vente de cette eau, & la rentrée des fonds que les sieurs Perrier seront obligés d'avancer pour l'exécution de leur projet, ils ont ouvert une souscription chez eux, Chaussée d'Antin, & chez le sieur Lormeau, Notaire, rue du Petit-Lion-St.-Sauveur. Un grand nombre de Particuliers se sont empressés de souscrire pour se procurer de l'eau, dont l'abondance, fournie avec plus de propreté & d'œconomie que par la voie ordinaire, fait l'aifance de la vie. Les fieurs Perrier fe propofent encore par le moyen de leurs machines, d'avoir à peu de frais & affez promptement de l'eau pour arrofer, pendant l'Été, la route de Verfailles à Paris; ce qui fera du plus grand agrément pour les Princes & Seigneurs, dont les voyages font fi fréquens de la Capitale à la Cour, & même pour la Reine que cette Ville aura le bonheur de poffeder alors plus fouvent.

S. A. S. Mgr. le Duc de Chartres fe propofe de completer la collection de ces modèles que les mêmes Artiftes font chargés de continuer. Cette curiofité fait d'autant plus d'honneur à ce Prince, en qui les Sciences & les Arts ont un protecteur, que fon but pourra être d'une grande utilité, dans le cas que les talens s'énervent. Cette Galerie fera un dépôt où l'on pourra puifer des connoiffances relatives aux Arts, & fe mettre fur la voie pour retrouver les métiers s'ils étoient perdus. On rapporte que lorsque M. le Comte de Falckenstein se trouva le même jour au Palais Royal, la foule s'étoit portée à la principale Porte du Palais pour le voir; mais qu'ayant été informé de cet empressement du public, il se déroba à ses applaudissemens en sortant par une autre où on ne l'attendoit pas.

En parlant de Galerie, je ne dois pas oublier celle que M. le Comte de Falckenstein a vu à l'Hôtel de Brissac, anciennement celui de Villars, situé rue de Grenelle, Faubourg S.-Germain. Cette Galerie, qui sert encore de Sallon, est remarquable par ses Dorures, ses Tableaux. On la voit dans le même état qu'elle étoit à la mort du Maréchal de Villars; les Connoisseurs l'estiment un des plus beaux morceaux de ce genre.

Mais un monument plus moderne, d'une plus petite étendue & peut-être plus intéressant, est un Tableau de M. Greuze, Peintre, dont les ouvrages, tels que *la Mere bien-aimée, le Paralytique servi par ses enfans, le Pere de Famille, le petit Boudeur,* &c., lui ont acquis la réputation dont il jouit, & mérité cette distinction particuliere dont M. le Comte de Falckenstein l'a honoré : cet illustre Seigneur alla le voir dans sa demeure rue Thibautodé, & s'entretint pendant trois quarts-d'heure avec lui sur son Art & ses ouvrages. Frappé de l'exécution & du sujet de son nouveau Tableau, qui est *la Malédiction paternelle,* il lui en témoigna sa satisfaction avec cette affabilité qui lui est si naturelle, en lui disant qu'il aimoit à voir un Artiste, qui n'est pas asservi à l'imagination d'autrui, puiser dans la nature des sujets vrais, pleins d'instructions & dictés par le sentiment. Chacun, & même les personnes de la plus haute considération, rendent cet hommage à M. Greuze;

tous se sont empressés de venir voir ce nouveau Tableau; M. le Noir, Lieutenant-Général de Police, se trouvoit même à ce dessein chez l'Artiste, lorsque M. le Comte de Falckenstein y arriva avec les Seigneurs de sa suite.

Voici l'explication de ce Tableau que l'on grave actuellement: L'action se passe dans une chambre dont la porte est ouverte; on voit un chef de famille donnant sa malédiction à un fils libertin qui a passé la nuit avec un Recruteur que ce fils a emmené chez son pere, pour le forcer à lui donner de l'argent & le menacer, dans le cas qu'il ne lui en donne pas, qu'il est prêt à s'enrôler. Ce pere infortuné est dans une attitude qui exprime à la fois l'indignation, la colere & la douleur; ses cheveux sont hérissés: tout annonce le trouble de son ame; il semble d'une main repousser le fils qui a répondu si mal à ses soins, de l'autre il lui donne sa malédiction;

mais sa tendresse perce encore au milieu de sa colere. A ses pieds est une jeune fille de ce pere, un genoux en terre, qui voudroit le fléchir & arrêter l'effet de sa malédiction. Pour ce jeune homme, il semble que cette malédiction est la foudre qui l'écrase, malgré la fureur qui le possédoit dans le moment même, & qui est indiquée par le poing qu'il ferme avec rage. L'ainée de ses sœurs le suit avec l'action d'une fille épuisée par ses larmes & la crainte de le perdre ; on voit qu'il ne lui reste plus d'espoir : sa bouche est entr'ouverte..... elle n'a pas la force de parler. La mere, qui s'oppose au passage de son fils, est une femme d'environ cinquante ans, belle encore, de la physionomie la plus noble ; tout en elle exprime l'ame d'une mere : cette mere l'embrasse d'une main, lui indique son pere de l'autre ; sa foiblesse se démêle dans son geste & son expression, & l'on voit qu'elle l'a gâté. Un petit garçon de la plus jolie figure, âgé d'environ quatre ans, retient son frere par sa veste, & semble jetter des cris ; ce qui est la seule expression des enfans. Entre les deux sœurs, est un autre frere qui peut avoir à-peu-près huit ans, & regarde son frere aîné avec un sentiment mêlé de crainte : à la porte est le Recruteur, la tête baissée sur sa main, riant en-dessous de ce que le jeune homme est chassé de chez son pere, & ne voyant dans tout cela qu'un garçon de belle taille qu'il voudroit enrôler. Rien n'est plus terrible & pathétique que ce Tableau. Il fait honneur aux talens & à l'ame de son auteur, & sera une des plus puissantes leçons pour un jeune homme qui seroit prêt à s'égarer.

M. Greuze vient de peindre d'après nature le portrait du Docteur Franklin Membre & Député du Congrès Américain, arrivé depuis peu de tems à Paris. Il est de la plus parfaite ressemblance. On fait que M. Greuze réuffit encore mieux en ce genre qu'en tout autre. Il n'appartient qu'à de grands Maîtres à peindre un homme diftingué dans fon fiècle, & qu'une Nation éclairée fe fait un plaifir de poffèder aujourd'hui. Ce même fieur Franklin avoit déjà été peint par le fieur Cochin, Peintre & Membre, ainfi que le fieur Greuze, de l'Académie de Peinture & Sculpture de Paris. Ce dernier portrait a été gravé par le fieur Aubin.

Deux objets intéreffans d'un genre unique & qui doivent trouver ici leur place, ce font deux ouvrages de fculpture du fiécle paffé, dont l'Auteur eft l'Abbé Zumbo, Gentilhomme Sicilien, mort à Paris en 1701. Le 25 Mai, M. le Comte de Falckenftein alla voir ces deux chef-d'œuvres. Ils avoient appartenus autrefois à M. le Hay. Ils fe trouvent aujourd'hui chez M. Houftoul, Peintre, Reftaurateur des tableaux de S. A. S. Monfeigneur le Duc d'Orléans, Cloître S.-Germain-l'Auxerrois, en face du grand Portail. Les deux sujets de ces ouvrages, renfermés chacun dans une caisse, sont la Nativité & la Sépulture de N. S.; l'arrivée des Pasteurs qui viennent reconnoître & adorer le Sauveur, est représentée dans le premier. Dans le second l'Auteur a saisi le moment où Joseph d'Arimathie, ayant obtenu le corps de J. C., la Vierge & les saintes Femmes qui l'accompagnoient, donnent des marques de douleur : l'un est un sujet de joie ; il est composé de vingt-quatre figures & de six animaux de différentes especes ; l'autre est un sujet de tristesse ; on ne compte dans celui-ci que treize figures. La matiere de ces ouvrages est une cire colorée. Le Génie heureux de l'Artiste a adopté les différentes nuances de couleur pour faire valoir ses expressions. Tout est extrêmement fini dans ces deux ouvrages, dont les desseins sont d'une ex-

exacte justesse, & chaque objet est conforme à la vérité. Leur perfection les a fait passer à la postérité. Pour en prendre une plus parfaite connoissance, on peut lire la description qui vient d'en être donnée au Public.

La France posséde depuis très-longtems ces deux chef-d'œuvres, qui pourront lui être enlevés, lors de la vente qu'on se propose d'en faire. Mais ce ne sont pas là les seules preuves que l'Abbé Zumbo ait données de sa capacité: le Dictionnaire de Moréri fait mention à l'article de cet Artiste, entre différens ouvrages, d'un corps de femme avec son enfant, figures de la plus grande vérité, ainsi que d'une tête anatomique, dont l'Académie des Sciences a fait l'éloge. On peut consulter à ce sujet l'Histoire de cette Académie en 1701, & pour mieux connoître l'Artiste, il faut encore voir le même Dictionnaire de Moréri.

On peut dire avec fondement que

ces deux Arts de la Peinture & Sculpture sont en France dans le plus grand honneur, & portés au suprême degré de perfection. Une infinité de monumens en ces deux genres prouvent bien que la France a été aussi féconde en habiles Artistes que l'Italie; témoins les ouvrages du siécle passé, des Jouvenet, des le Sueur, des Coypel, des Lebrun, des Bouchardon, des Coustou, des Coyseveaux, des Girardon, sans citer ceux des génies de ce siécle, qui sont trop près de nous pour pouvoir justement les apprécier.

Au milieu de cette multitude de monumens de Sculpture de l'un & de l'autre siécle, on distingue le Mausolée du Cardinal de Richelieu, exécuté par Girardon, dans lequel il semble que cet Artiste ait déployé toute l'étendue de ses talens, pour caractériser un homme aussi grand par ses vices que par ses belles actons. Quelle admirable simplicité dans tout ce qui compose ce monument ! Quelle vérité dans chaque figure ! Quelle expression dans celle du Cardinal ! Je ne m'étonne pas que ce fameux (*) Conquérant du Nord, enlevé à la vue d'un marbre qui exprime si bien la grandeur, voulut se communiquer à lui, & concevant une haute idée de celui qu'il représentoit, se soit élancé pour embrasser sa statue & écrié avec transport : « Ah, » que n'es-tu en vie, je te donnerois » la moitié de mon empire pour gou- » verner l'autre ! » Quel Art que celui qui fait ainsi animer une masse de pierre froide ! Quelle magie dans le ciseau de l'Artiste, pour créer ainsi de nouveau ! On éprouve à la vue de ce chef-d'œuvre un sentiment d'admiration mêlé de crainte pour celui à la mémoire duquel il est élevé, & de respect pour l'Artiste. Il a fait cette même impres-

---

(*) Le Czar Pierre le Grand.

sion sur M. le Comte de Falckenstein. Ce fut la seule curiosité qu'il voulut voir dans la maison de Sorbonne, dont le Cardinal de Richelieu peut être regardé comme le Fondateur. L'édifice de l'Église est d'une belle Architecture.

Parmi tant d'objets curieux en ce genre, M. le Comte de Falckenstein vit chez M. Pigalle, dont j'ai parlé plusieurs fois, la Statue en marbre du plus bel esprit de notre siecle (Voltaire). Il est représenté assis & nud, tenant d'une main un stylet, & de l'autre un rouleau sur lequel il est prêt à écrire; sur le devant est un casque & un poignard, symboles de la Tragédie; à ses pieds il y a une lyre & plusieurs papiers qui indiquent ses ouvrages, sur lesquels on voit une couronne. Cette Statue a été depuis quelque tems transférée de l'attelier de l'Artiste chez M. d'Hormoi, petit neveu de M. de Voltaire, rue Saint-Honoré, au-dessus des Jacobins.

Ces deux Arts de la Peinture & de la Sculpture sont d'une si grande utilité, qu'ils ont mérité depuis long-tems l'attention du Gouvernement. On ne néglige rien aujourd'hui de ce qui tend à leur perfection, & à former des élèves qui puissent un jour marcher sur les traces des meilleurs Maîtres.

C'est ce desir de voir toujours fleurir ces deux Arts, qui porta Louis XIV en 1667, à la sollicitation de M. Colbert, à ériger une École de Peinture à Rome pour un certain nombre de jeunes François qui pourroient se former sous les yeux des plus grands Maîtres, & sous la direction d'un Membre de l'Académie de Paris. Ces jeunes gens sont entretenus pendant le tems de leurs études aux dépens de Sa Majesté. La plûpart de nos habiles Maîtres sont sortis de cette École, qui subsiste encore aujourd'hui.

ACADÉMIE ROYALE d'Architecture.

Quoique cette Académie ait été établie en 1671, ses Lettres Patentes n'ont été données & enregistrées au Parlement que le 18 Juin 1717; Louis XV confirma cet Etablissement, & depuis le Roi en est devenu le Protecteur. L'objet de cette Académie est d'entretenir le bon goût de l'Architecture, de s'occuper de tout ce qui regarde la décoration & la solidité des Edifices, & de former des sujets dans cet Art si utile. M. le Comte de Falckenstein, pour donner une marque de son estime à ceux qui le cultivent, visita la Salle d'Assemblée de cette Académie, dans laquelle il ne trouva que quelques Membres de la Compagnie. M. le Comte de Falckenstein voulut connoître les objets dont chacun d'eux s'occupoit. Comme personne n'avoit été prévenu de sa visite, on ne put trop le satisfaire à cet égard, ainsi qu'il l'auroit desiré. Cependant il s'entretint avec ces Artistes sur les différents modeles & dessins qu'il vit dans cette Salle, parmi lesquels il distingua deux projets de Château pour S. A. R. Mgr. le Comte d'Artois, à Saint-Germain-en-Laye ; & un modele de Palais fait pour le même Prince, & pour être exécuté à Paris, sur le terrein de l'ancienne Pépiniere du Roi. Ces deux dessins & ce modele sont de M. Boullée, Intendant des Bâtimens de Mgr. le Comte d'Artois.

M. le Comte de Falckenstein visita ensuite l'Ecole des Elèves qui travailloient à un Prix d'émulation, fondé dans cette Académie, & qu'on distribue chaque mois. MM. Leroi, Professeur d'Architecture, & Mauduit, Professeur de Mathématique, étoient présens à cette visite : notre illustre Voyageur témoigna sa satisfaction de voir ces jeunes Elèves ainsi appliqués ; & dans les Professeurs & les Membres de l'Académie, le desir ardent de perpétuer le bon goût de l'Architecture.

Les circonstances ne lui permirent pas d'y rien voir de plus intéressants ; elles me donnent lieu de remarquer qu'il seroit à souhaiter que la Salle de cette Académie fût un dépôt des principaux dessins & modeles faits par ses Membres. Ces modeles seroient autant de monumens glorieux aux Artistes. Les Etrangers verroient ainsi d'un coup-d'œil, les ouvrages nouvellement entrepris, & même les dessins de ceux, qui, quoique vastes & beaux, n'ont jamais été exécutés.

Il faut l'avouer, l'Art d'Architecture est un de ceux qui a fait en France le plus de progrès depuis près d'un siecle. Celui de Louis XIV est encore l'époque de sa splendeur ; ce qu'on n'aura pas de peine à croire, si l'on jette simplement les yeux sur la colonade du Louvre, le plus beau morceau d'Architecture en ce genre qui se trouve en

Europe, exécuté d'après les deſſins de Pierre Perrault, à qui M. Colbert avoit aſſocié Charles Lebrun, chef-d'œuvre que les détracteurs de Perrault ont attribué ſans le moindre fondement à le Vaux, premier Architecte du Roi.

Il y a eu cependant depuis en France un intervalle, où un goût bizarre a régné dans cette partie; mais bientôt le vrai & le beau l'ont emporté: ils dominent par-tout aujourd'hui. Mais en parlant de la colonade du Louvre, je ne puis m'empêcher de me répandre en éloges envers celui à qui le Prince a donné le ſoin de veiller à la gloire des Arts. C'eſt lui qui a voulu donner encore un plus grand luſtre à cet Edifice, en faiſant continuer les travaux tendans à réparer ce que le tems ou la négligence ont détruit & effacé de ce ſuperbe Palais. Son goût pour les Arts, qu'il aime & favoriſe plus par caractère que par état, l'ont porté à faire de la vaſte Galerie du Louvre un riche dépôt des plus beaux chef-d'œuvres, où la Nation viendra avec empressement rendre hommage aux grands Hommes qui en feront l'ornement, & aux Artistes dont le génie créateur leur a donné une seconde vie.

Les monumens modernes élevés sous le Règne passé, tels que le Portail de l'Eglise de Saint-Sulpice, la nouvelle Eglise de Sainte-Genevieve, la colonade des Maisons de la Place de Louis XV, l'Hôtel de la Monnoie, l'Académie de Chirurgie, vrais modeles du goût, prouvent bien à quel degré de perfection l'Art d'Architecture est monté en France. Mais le monument qui paroît annoncer le plus de magnificence, & où l'Architecture a déployé tout ce qu'elle a de plus riche & de plus régulier, est celui de l'Eglise de Sainte-Genevieve, qu'on construit sur les plans & dessins de M. Soufflot; sans doute ce seul ouvrage couvrira cet Artiste d'une gloire immortelle, quand il ne fe feroit pas diftingué par d'autres chef - d'œuvres. Quoi de plus grand que ce Portail, où vingt colonnes d'ordre corinthien, d'une hauteur proportionnée, forment le périftille! L'envie qui les a mefurées d'un œil inquiet, n'a pu voir fans peine la majefté d'une pareille entrée, & y a cherché en vain des fujets de critique. M. le Comte de Falckenftein voulut juger par lui-même de l'effet de ce Portique, en fe tranfportant à la Place de cette nouvelle Eglife. La vue du Portail lui confirma la haute idée qu'il en avoit conçue.

Académie Royale de Chirurgie.

M. le Comte de Falckenftein alla vifiter le 24 Avril cette Ecole, dite de Saint-Côme. Cet Etabliffement a été fait en 1731, & confirmé par Lettres patentes du 8 Juillet 1749. Il eft fous la direction du Secrétaire d'Etat de la Maifon du Roi. Le Bâtiment de cette

Académie, qui étoit situé il y a quelques années au lieu même où est aujourd'hui l'Ecole Gratuite du Dessin, a été nouvellement construit sur l'ancien College de Bourgogne, même rue des Cordeliers, concédé par le Roi Louis XV; son étendue, qui est beaucoup plus vaste que celle de l'ancien, fait un des plus beaux ornemens de la Capitale, comme je l'ai dit. Le Roi régnant en posa la premiere pierre, au mois de Décembre 1774; sa grandeur donne encore lieu d'y entretenir plusieurs lits pour des personnes attaquées de graves maladies. On y préfere cependant celles qui ont des plaies. Les principaux Membres de l'Académie ont leur logement dans cette Maison: elle renferme une Bibliotheque & un Amphithéâtre pour contenir quatre cent Elèves. C'est dans ce dernier où se font les Démonstrations sur le corps humain.

Il y a plusieurs Professeurs & Démonſtrateurs Royaux, pour différentes parties de la Chirurgie; la Phyſiologie, la Pathologie, la Thérapeutique & l'Anatomie; les leçons ſont gratuites, & ſe font le matin & l'après-midi.

M. Louis, l'un des principaux Profeſſeurs & Secrétaire perpétuel de cette Académie, eut l'honneur de recevoir dans ſon appartement M. le Comte de Falckenſtein. Cet illuſtre Etranger parcourut avec lui toutes les ſalles de cette Maiſon, & en admira le bon ordre : il conſidéra les inſtrumens propres à toutes les opérations, ſur leſquelles il fit les plus judicieuſes obſervations. M. Louis eut avec lui un long entretien ſur ce qui concerne ſon Art, dont le détail que M. Louis a tenu ſecret, ne pourroit être que d'une grande utilité pour les Sciences, & dans leſquelles on doit croire que M. le Comte de Falckenſtein développa ſes opinions particulieres, qui donnerent lieu à pluſieurs éclairciſſemens de la part de M. Louis, même après la visite de l'illustre Voyageur.

Une curiosité de la Capitale & que M. le Comte de Falckenstein n'a sans doute pas oublié de voir, c'est le Cabinet d'Anatomies artificielles formé par les soins, les longues études & un travail opiniâtre, entrepris dès l'âge de vingt ans par la D^{lle} Biheron, dont les rares talens développés dans ses ouvrages, qui seuls composent ce Cabinet, lui ont assuré depuis long-tems le suffrage de tous les Sçavans. Cette Demoiselle, qui possède bien le Dessin, la Peinture & l'Art de mouler, s'est encore trouvée avoir un goût décidé pour l'Anatomie. Elle a tiré le meilleur parti des démonstrations qu'elle a faites sur les cadavres, & c'est d'après ces démonstrations, qu'elle a entrepris de faire une Anatomie artificielle : jamais on est encore parvenu à imiter la nature avec la précision &

la vérité qu'on remarque dans tous les ouvrages de son invention. C'est après les avoir vus qu'il en faut conclure que rien n'est impossible à un sexe, qui étant plus capable que le nôtre de patience & d'application, peut faire éclore de ses mains des ouvrages qui approchent beaucoup de la perfection.

Feu M. Morand, Chirurgien & Membre de l'Académie des Sciences de Paris, ayant été chargé par Élizabeth, Impératrice de Russie, de faire une collection des instrumens, machines & modèles nécessaires à la Chirurgie, & d'y joindre un Anatomie artificielle, qui pût servir aux démonstrations sur cette matiere, ne crut pas mieux faire que de s'adresser à la Demoiselle Biheron pour l'exécution de ce dernier objet. Cette habile Artiste composa un corps de femme sous sa direction, dont le sieur Morand fit le rapport à l'Académie des Sciences le 23 Juin

« tomach, tout le paquet inteſtinal &
« le foie ſe préſentent. On ôte les
« parties & l'on découvre le pancréas,
« les reins, les gros vaiſſeaux, les
« muſcles, tels qu'on les verroit ſur
« le ſujet même, après avoir enlevé
« les inteſtins. Dans la poitrine, les
« poulmons artificiels faits d'une ma-
« tiere compreſſible & élaſtique, ſont
« dilatés en ſoufflant dans la trachée-
« artère avec un tuyau. Le cerveau,
« le cervelet ſont exécutés avec beau-
« coup d'artifice, & pluſieurs coupes
« font voir la ſtructure merveilleuſe
« de ces organes & toutes leurs dé-
« pendances ».

Le Cabinet de M[lle.] Biheron eſt aujourd'hui compoſé d'une autre figure de femme tronquée aux extrémités, & recouverte d'une vraie peau qui imite bien mieux l'enveloppe extérieure que la cire, & rend le tranſport du corps plus facile, même dans les pays étrangers, ſans lui faire cou-

1759, & la Demoiselle Biheron en fit ensuite la démonstration. La vue de cette pièce, unique en son genre, confirma l'idée que le sieur Morand venoit d'en donner. L'Académie admira la justesse & le choix des matieres que l'Artiste avoit employées à représenter les différentes parties du corps, l'adresse avec laquelle elle avoit pu parvenir à copier la nature avec tant de vérité, qu'on croit voir les pièces mêmes qu'elle a représentées.

Cette Figure fut envoyée quelquetems après à Pétersbourg. L'Impératrice vit avec admiration ce chef-d'œuvre, dont elle se fit faire, dès son arrivée, une démonstration particuliere. Elle marqua sa satisfaction envers son Auteur par sa générosité, à laquelle elle auroit encore donné une plus grande étendue, si la mort n'eut arrêté ses desseins. Pareille démonstration en fut aussi faite à l'Académie de cette Ville, qui fit les plus grandes éloges de cette Figure.

Les parties solides du corps humain qu'a parfaitement imité la Demoiselle Biheron, sont faites de cire & avec un alliage particulier qui les empêche d'être susceptibles d'amolissement dans les tems de chaleur, & de cassure dans les tems froids, ou par accident.

Pour donner une idée de l'Art de Mlle. Biheron & de ses avantages, je vais transcrire ici ce ’on lit dans un Ouvrage périodique.

« Il n'y a point d'étude aussi utile
» & aussi satisfaisante que celle du
» corps humain; mais l'inspection des
» cadavres inspire une certaine hor-
» reur que peu de personnes peuvent
» vaincre. Un Particulier nommé Des-
» noues, essaya, il y a quelques années,

(*) L'Avant-coureur, année 1761, N° 20, article Anatomie artificielle.

» de surmonter les obstacles qu'une
» répugnance naturelle apportoit à la
» culture de l'Anatomie. En faveur
» des curieux que leur état n'oblige
» pas à la sçavoir, il avoit composé
» des pièces en cire qui représentoient
» les principales parties du corps, mais
» ce n'étoient que des blocs moulés,
» les reliefs coloriés en faisoient le
» principal mérite. Aujourd'hui la De-
» moiselle Biheron a construit une
» Anatomie avec tant d'art, qu'on
» voit le développement de toutes les
» parties, & le rapport des unes avec
» les autres. On les déplace & on les
» replace à volonté. Les parties molles
» ont leur souplesse & leur flexibilité
» naturelle. On ouvre le bas-ventre:
» les spectateurs voyent d'abord l'épi-
» ploon ou toile membraneuse qui
» recouvre les intestins ; cettte ma-
» chine artificielle trompe les yeux ;
» on croiroit voir la nature même.
» Quand on a enlevé l'épiploon, l'es-

rir aucun risque. On y trouve un grand nombre de pièces détachées, qui représentent au naturel les parties du corps humain, ainsi que diverses productions, phénomènes & monstruosités de la nature, concernant l'Anatomie. Enfin la vue de ce Cabinet peut seule rendre parfaitement ce qu'il contient, & en faire l'éloge. Les bornes que je me suis prescrites dans cet ouvrage ne me permettent pas de donner une description des pièces qui le composent.

Il y a environ trois années qu'on a ouvert à Pétersbourg un Cabinet public d'Anatomie artificielle. La figure inventée par la Demoiselle Biheron, en est sans doute la pièce la plus curieuse comme la plus importante. Un Médecin entretenu aux frais du Gouvernement, est le Démonstrateur de ce Cabinet.

Le feu Roi de Dannemark a aussi demandé à la Demoiselle Biheron différentes pièces d'Anatomie, qui lui ont été envoyées il y a environ dix ans. Guſtave III de Holſtein-Eutin, Roi de Suéde, a applaudi aux talens de cette Artiſte le jour (*) qu'il aſſiſta à une ſéance de l'Académie des Sciences de Paris, devant qui elle eut l'honneur de faire la démonſtration de différentes pièces d'Anatomie nouvellement inventées.

Il ſeroit à ſouhaiter que le Gouvernement de France fît l'acquiſition du Cabinet de Mlle. Biheron, dont l'uſage ſerviroit aux démonſtrations publiques. Le ſpectacle de ce cadavre ſimulé, qui en eſt l'ornement, & de toutes les parties qui le compoſent, ne repugneroit pas tant à l'humanité & entraîneroit moins de dégoût & de perte du tems, de la part de ceux qui ſe livrent à l'étude de l'Anatomie.

Mlle. Biheron ſe fait un plaiſir de faire jouir du fruit de ſes veilles les

---

(*) En 1771.

personnes honnêtes qui se présentent chez elle à ce dessein, lorsqu'elles sont en assez grand nombre. Mais elle démontre particulierement son Anatomie tous les Mercredis, depuis onze heures du matin jusqu'à une heure après midi; sa demeure est à la vieille Estrapade, au coin de la rue des Poules.

JARDIN ROYAL des Plantes.

Cet établissement est à l'instar d'une Académie, c'est pourquoi il doit trouver sa place ici. Anciennement le Jardin des Plantes n'étoit qu'un droguier. Il fut établi en 1634, par les soins de Bouvard, premier Médecin, & Gui de la Brosse, Médecin ordinaire. Depuis, on a augmenté le terrein où il est situé; il renferme un parterre, un petit bois & diverses promenades; il y a encore une orangerie & plusieurs serres, de sorte que la partie réservée aux plantes est la plus petite, quoique on en compte environ six mille, dont chacune porte son nom. Le Roi y a fondé trois Chaires ; savoir, pour la Botanique, la Chymie & l'Anatomie ; chacune d'elles a son Professeur & Démonstrateur ; les Cours sont gratuits : ce Jardin est sous la direction de M. le Comte de Buffon, de l'Académie Françoise & de celle des Sciences, &c. Il a le titre d'Intendant du Jardin & du Cabinet. Le Directeur des Bâtimens en a la survivance.

Ce Cabinet est une collection de tout ce qui concerne l'Histoire Naturelle, la plus curieuse qu'on ait encore vu. Elle renferme les trois genres, l'Animal, le Minéral & le Végétal. Ce qui regarde le second genre est très-précieux ; tout y est dans le plus grand ordre, malgré la multiplicité des objets qui occupent quatre grandes pièces. La Nation est redevable à M. le Comte de Buffon de l'Etablissement d'un pareil Cabinet ; c'est à lui que les Sciences doivent la découverte d'un genre d'étude très-intéreſſant, peu connu avant lui, & dont on peut hardiment l'appeller Créateur.

Eh ! qui ne ſent l'utilité d'une pareille Science, dont l'étendue embraſſe toute la Nature, & dont l'objet eſt de connoître l'uſage de toutes les productions ? Avant M. de Buffon, on ignoroit la propriété de diverſes plantes; mais depuis lui, combien la Science de la Nature a-t'elle été approfondie par ſes leçons (*) ? Il n'eſt preſque point d'animal dont il n'ait démontré l'utilité, ſoit pour notre nourriture, ſoit pour nous aider dans d'autres beſoins, & même contribuer à notre amuſement ; il n'en eſt pas qu'il nous ait appris à nous garantir de ſa dent cruelle, de ſa piqûre venimeuſe, de ſa funeſte ſo-

_____

(*) On connoît l'Ouvrage de M. de Buffon, qui a pour titre : *Hiſtoire Naturelle*.

ciété. C'est à des pareils services qu'on doit des récompenses ; notre reconnoissance envers ce Génie créateur, ne doit point être équivoque. Aussi la justice du feu Roi a pesé la valeur des avantages que M. de Buffon a procurés à la Nation, & a ordonné qu'on lui érigeât une Statue en marbre, pour être placée dans le vestibule du Cabinet. Ainsi ce Roi juste, en lui accordant une si brillante prérogative, l'a comparé à lui seul, s'il est vrai que dans nos mœurs les Monarques ont le droit exclusif d'avoir, même pendant leur vie, des Statues publiques. Cet exemple doit apprendre aux siecles futurs que si Louis XIV a cru récompenser le mérite du Grand Turenne, en lui assignant sa sépulture dans le Tombeau des Rois, Louis XV a honoré davantage un Sçavant, en ordonnant qu'on lui élevât, de son vivant, un Monument public.

Un tel honneur, que M. de Buffon

eût regardé comme un excès, s'il n'eût pas été décerné par la fageſſe du Monarque, a pénétré ce célèbre Naturaliſte de la plus vive reconnoiſ-fance. Comme il en étoit digne, il a toujours refuſé de l'accepter ; & ce n'eſt qu'en profitant de ſon abſence qu'on eſt parvenu à faire placer ſa Statue au lieu où on la voit. Elle eſt de M. Pajou, Sculpteur très-eſtimé, & de 6 pieds de proportion : elle eſt encore ſans inſcription. Un pareil ſujet ne tardera pas à échauffer la verve de quelqu'un de nos habiles Poëtes.

Les Provinces, à l'imitation de la Capitale, deſireront d'avoir l'image d'un homme ſi extraordinaire. Déjà l'Académie Royale des Beaux Arts de Toulouſe a demande ſon Portrait, qui lui a été accordé. Il a été deſſiné d'après Nature, par M. Pajos, Peintre en miniature, & gravé par M. Vangeliſty.

On lit au bas ces Vers de M. l'Abbé de Lille, de l'Académie Françoise.

> La Nature pour lui prodiguant sa richesse,
> Dans son génie ainsi que dans ses traits
> A mis la force & la noblesse ;
> En la peignant, il paya ses bienfaits.

Il est à remarquer que Dijon peut se glorifier d'avoir produit, dans moins d'un siècle, trois des plus Grands Hommes de la France, le célèbre Evêque de Meaux, Piron & le Comte de Buffon.

Le Cabinet d'Histoire Naturelle est ouvert au Public, les mardi & jeudi, depuis le 12 Novembre, jusqu'au 25 Août.

Les deux Garde-Démonstrateurs du Cabinet, & l'Intendant du Jardin & du Cabinet, ont leur demeure au Jardin Royal.

Le 3 Mai, M. le Comte de Falckenstein visita dans une partie de la matinée ce Jardin des Plantes & le Cabinet

Cabinet d'Histoire naturelle. M. Daubenton, de l'Académie des Sciences, Démonstrateur du Cabinet, eut l'honneur de l'y conduire, & de lui faire remarquer les objets les plus curieux, dont il lui fit l'explication. M. de Buffon fut fâché de ne pouvoir pas y être présent, parce qu'il étoit indisposé. Mais M. le Comte de Falckenstein, plein d'estime pour un homme dont la réputation avoit passé jusqu'à lui, vint rendre hommage au Peintre de la Nature qui, n'étant pas prévenu, s'étoit fait arranger à la hâte l'œconomie de ses cheveux. Il reçut chez lui, en robe-de-chambre, M. le Comte de Falckenstein avec lequel il s'entretint pendant longtems en présence de différentes personnes qui l'avoient accompagné. La visite de l'Illustre Étranger fut, pour ainsi dire, un tribut d'éloges envers le Naturaliste pleins de candeur & d'aménité, aux-

Tome I. I

quels celui-ci répondit par la plus vive effusion de ses sentimens.

CABINET DU ROI à PASSY.

Dans cette même matinée du 3 Mai, M. le Comte de Falckenstein descendit à Passi au Cabinet du Roi, où MM. l'Abbé Rochon & le Roi, de l'Académie des Sciences, auxquels le soin de ce Cabinet est aujourdhui confié, eurent l'honneur de le recevoir. Ce Cabinet, connu des Savans, renferme un grand nombre d'instrumens de Physique, parmi lesquels il y a un miroir ardent de M. de Buffon, & divers autres objets curieux. L'origine de ce Cabinet est du regne passé ; on la doit au sieur Noël, ci-devant Bénédictin. Il seroit à souhaiter qu'un établissement de pareille utilité fût transferé dans la Capitale ; l'on y établiroit un Cours de Physique, ou bien, si l'on aimoit mieux, on pourroit encore en augmenter celui du Collége de Navarre, où il y a un Cours gratuit de Physique expérimentale & un Professeur entretenu aux dépens de Sa Majesté. Ni la Jeunesse, ni les Savans même ne sont dans le cas de pouvoir profiter du Cabinet isolé à Passi. Une raison de le transporter, c'est que les frais immenses qu'a coûté cet établissement sont tout-à-fait perdus, ceux d'entretien à la charge de Sa Majesté, sans qu'elle en retire le moindre intérêt; en un mot, ses bonnes intentions sont totalement frustrées.

Cependant par une autre raison on pourroit le conserver dans le même lieu. L'éloignement de la Capitale seroit même un avantage pour les Académiciens, qui seroient moins distraits de leurs travaux & feroient plus commodément leurs observations météréologiques.

M. l'Abbé Rochon eut l'honneur de présenter à notre Illustre Voyageur des nouvelles Lunettes de sa composition, dont il lui exposa les avantages. M. le Comte de Falckenstein en témoigna sa satisfaction à ce Savant, d'une maniere très-particuliere.

OBSERVATOIRE ROYAL.

M. le Comte de Falckenstein se proposoit d'aller voir l'Observatoire, mais la petite vérole, dont étoit attaquée la Demoiselle Cassini, nièce de M. Cassini, de l'Académie des Sciences, Directeur de cet établissement, l'empêcherent, à ce qu'on assure, de donner encore cette marque d'attachement aux Sciences; il auroit été dans le cas de passer devant l'appartement de la malade pour aller au Cabinet où sont renfermés différens instrumens de Géométrie & d'Astronomie. Cette maladie épidémique se communique aisément, même aux personnes qui en ont déjà été attaquées,

L'Observatoire de Paris à été bâti en 1665, par les soins de M. Colbert, qui le fit diriger par les plus habiles Philosophes qu'il sut attirer en France. L'édifice est d'une fort belle construction ; il est placé sûr le lieu le plus élevé de la Capitale, hors la barriere S.-Jacques. Le Roi y a toujours entretenu plusieurs Géomètres & Astronomes depuis son établissement.

Les Savans & ceux qui aiment les Lettres trouvent encore dans la Capitale une infinité de ressources pour les aider dans leurs études ; une des principales, c'est les livres. De riches Particuliers, par goût ou par ton, entretiennent d'immenses Bibliothéques, dont ils se font un plaisir de communiquer les richesses à ceux qui cherchent à s'instruire. Aujourd'hui, par une suite de ce desir que la Nation a de passer pour la plus éclairée, comme elle est en effet une de celles où les Arts & les Sciences ont fait le plus de progrès, les Villes deProvinces réüniſſent le même avantage. Il y en a où l'on voit des Bibliotheques publiques, qui ſont d'autant plus néceſſaires que les gens de lettres n'ont pas d'ailleurs de grands ſecours. Dans la Capitale, elles ſont ſi multipliées, qu'à moins d'aimer mieux croupir dans l'ignorance, les inſtructions ne manquent pas à ceux qui ont la moindre envie d'apprendre. On a compoſé des livres ſur toutes les matières, dont on renouvelle chaque jour les éditions.

On compte à Paris quatorze principales Bibliothéques qui appartiennent à des Corps, dont dix ſeulement ſont publiques. La plûpart de ces Bibliothéques ſont riches en manuſcrits: quelques-unes d'elles renferment un Cabinet de Médailles & d'Antiques : voici le nom de ces dernieres, la Bibliothéque du Roi, de S.-Victor, Mazarine, des Avocats, de la Doctrine Chrétienne, de la Ville, de l'Univerſité, de la Faculté de Médecine, de S.-Germain-des-Prés, de Sainte-Génevieve-du-Mont, de la Sorbonne, du Collége de Navarre, des Célestins, des Augustins déchaussés. Toutes ces Bibliothéques sont ouvertes à différens jours & différentes heures de la semaine.

BIBLIOTHEQUE DU ROI.

M. le Comte de Falckenstein se contenta de voir celle du Roi, située à l'ancien Hôtel du Cardinal Mazarin, rue de Richelieu, aggrandie depuis sa mort. Cette Bibliothéque qui n'étoit composée sous François I, que de neuf cent volumes, est aujourd'hui immense, & la premiere comme la plus considérable peut-être de toutes celles qui existent en Europe. On peut juger de l'étendue qu'elle a ou pourra avoir par la suite, de ce que de tous les livres qui s'impriment dans le Royaume avec permission, on en destine toujours deux exemplaires pour cette Bibliothéque. On y compte en outre plus de soixante mille Manufcrits. Elle renferme les éditions comme les livres les plus rares ; il y en a même qui font uniques, & qui n'exiftent nulle part ; outre cela, il y a encore dans le même bâtiment un Cabinet contenant la plus riche & la plus complette collection de Médailles d'or & d'argent, & un autre où l'on voit toutes fortes de Planches & d'Eftampes.

La charge de Bibliothéquaire du Roi eft attachée depuis nombre d'années à la famille de Bignon, qui la poffède de pere en fils. Chaque partie qui compofe la Bibliothéque, & les divers Cabinets font confiés à la garde & aux foins de plufieurs Savans. On n'a rien négligé depuis plus d'un fiecle pour rendre cet établiffement un des plus précieux qui exifte en France. On en peut faire remonter l'époque à l'année 1663, où cette Bibliothéque fut commife aux foins de quelques perfonnes diftinguées. C'eft de ce tems qu'il faut dater fon aggrandiffement.

Et depuis lors, on voit l'ordre qu'on y admire aujourd'hui.

Sa Majesté croit encore que sa gloire est intéressée à entretenir des Interprètes de toutes les Langues pour l'avantage de ses sujets ; il y en a pour les Langues Orientales, l'Hebreu, le Grec, l'Arabe, le Syriaque ; pour les Langues Allemande, Danoise, Suédoise, Flamande, Angloise & Espagnole, Italienne & Portugaise.

MANUFACTURES.

Une des choses qui fixe le plus l'attention des étrangers, ce sont les riches Manufactures de la Capitale ou des environs. Un simple Curieux se contente d'admirer la beauté des ouvrages qui en sortent, sans considérer à quel degré cette branche de commerce est entretenue : mais l'homme instruit, le politique, observent le point de considération que le Gouvernement attache à cette richesse nationale. Cet objet est un de ceux sur lequel il doit le plus arrêter ses regards, puisque c'est lui qui entretient l'industrie dans un État, & qui en est l'ame & la vie. C'est aussi ce qui a porté nos plus grands Ministres à protéger beaucoup les Arts & les Métiers.

On commença à établir dans le Royaume, du tems d'Henri IV & sous le ministère de Sully, des Manufactures de fayence, de verrerie &c. & de diverses tapisseries, quoiqu'il existât déjà des Manufactures d'étoffes, principalement à Tours. Le but de ce grand Roi étoit d'empêcher le transport de l'or & de l'argent qui se faisoit hors de France, en allant chez l'étranger chercher les choses nécessaires à la vie, & d'occuper une multitude de gens oisifs, en leur assurant chaque jour leurs subsistances.

Sully n'encouragea pas beaucoup les Manufactures de soie : soixante ans après lui, Colbert accorda une singutiere protection à cette branche de commerce ; ces deux grands hommes étoient d'un avis contraire. Sully, qui mettoit l'induſtrie au ſecond rang, en quoi il avoit raiſon, penſoit que la conſommation des ſoies fait tomber les laines ; que l'aviliſſement des laines porte ſur le nombre des troupeaux ; que la diminution des troupeaux altere une des ſources de la fécondité. Colbert donna aux Manufactures le premier rang dans l'ordre œconomique, & voulut tirer tout le commerce du produit des Manufactures. Il ne s'apperçut pas que le Commerce, qui n'eſt fondé le plus ſouvent que ſur des beſoins de caprice ou de goût, peut paſſer avec les Artiſtes dans tous les pays du monde, & qu'il valoit beaucoup mieux encourager l'agriculture, qui fournit la matiere premiere à l'État, ſans laquelle il ne peut y avoir de Manufactures ; auſſi Sully préféroit-il un commerce qui prenoit ſa ſource dans les terres, & s'occupa-t-il du progrès de l'agriculture, parce qu'un commerce, dont le produit est attaché au sol, ne peut être ni partagé ni envahi, & met les étrangers dans une dépendance nécessaire.

Il faut donc qu'un Gouvernement sage entretienne jusqu'à un certain point les Manufactures, pour ne pas mettre la Nation dans le cas de recourir à ses voisins. Il faut aussi qu'il ne se laisse pas tromper par l'éclat apparent des richesses qu'un grand nombre de Manufactures donne à l'État. L'intérêt de celui-ci l'exige ; & si l'on vouloit le démontrer & se donner la peine de calculer, on verroit que pour gagner quelques millions à fabriquer & à vendre de belles étoffes, nous avons perdus des milliards. C'est au progrès de l'agriculture qu'il faut plutôt s'attacher. Aujourd'hui elle ne produit qu'un sixieme de ce qu'elle rendoit sous Henri IV, à cause de grand nombre de bras employés à l'entretien des Manufactures. L'expérience a encore démontré ce que j'avance. Plusieurs ont calculé que deux millions de Cultivateurs peuvent faire naître un milliard de productions, au lieu que trois millions d'Artistes ne produisent à l'État que sept millions en marchandises de mains-d'œuvre. Quelle différence ! On n'a jamais tant parlé d'agriculture que dans le siecle où nous vivons. Plusieurs sociétés livrées à l'étude de cette science, se sont formées dans les principales Villes du Royaume, sous les yeux Gouvernement. Cependant les choses subsistent toujours dans le même état. On sent la nécessité d'une réforme ; mais l'entreprise est difficile. Quand il faut exécuter, les embarras semblent alors se multiplier ; ce qui arrive toutes les fois qu'il s'agit de corriger des abus.

Je ne parlerai ici que des Manufactures Royales que M. le Comte de Falckenstein a visitées.

Manufacture Royale des Gobelins.

M. le Comte de Falckenstein se rendit à cette Manufacture le 8 Mai, jour de l'Ascension, à 8 heures du matin. Cet établissement, situé au Fauxbourg S.-Marceau, tire son nom de deux Teinturiers appelés Gobelin. Ils étoient logés au lieu même où se trouve encore cette Manufacture, & près de la riviere de Biévre qui porte aussi le nom de Gobelins, dont les eaux sont très-propres à la teinture.

M. le Comte de Falckenstein trouva dans cette Manufacture le Directeur & Ordonnateur des bâtimens, & M. Soufflot, Contrôleur desdits bâtimens. Tous les ouvriers employés à cet établissement, qui sont de l'un & de l'autre sexe, avoient eu ordre de s'y rendre dès sept heures. Qu'on me permette un petit détail historique de cet établissement & de certaines particularités sur la manipulation, dont le lecteur plus curieux pourra prendre une plus ample connoissance dans l'Encyclopédie.

L'époque de cet établissement est de 1667. On le doit à M. Colbert. Ce Ministre fit venir de Flandre des ouvriers qui travailloient à la basse-lisse. Ce n'est pas qu'il n'existât déjà dans la Capitale, des Manufactures de tapisseries de basse-lisse & même de haute-lisse.

MM. Comans & de la Planche, dont la rue de la Planche porte le nom, dans le Fauxbourg S.-Germain, ce qui est à remarquer pour faire connoître à quel dégré d'estime on mettoit les Arts, s'occupoient de ces sortes d'ouvrages long-tems auparavant. Ils avoient même obtenu en 1626 des Lettres Patentes pour l'établissement de leur Manufacture.

Plusieurs Flamands formerent donc

en 1667, sous les yeux du Gouvernement, dans la Manufacture des Gobelins, une entreprise de tapisseries de haute & basse-lisse. MM. Jans & le Febure Pere, conduisirent la haute-lisse; les sieurs de la Croix & Mojen, ainsi que les sieurs de la Fraye & le Blond, la basse-lisse. Les enfans & les élèves des uns & des autres, ont toujours soutenu cette entreprise sur ce même pied. Le sieur Cozette, élève du sieur Jans, est aujourd'hui à la tête de l'entreprise de la haute-lisse ; celle de la basse-lisse est partagée entre le sieur Neilson & le sieur Audran, qui a succédé à son pere.

Voici la maniere dont se font ces deux sortes de genre de tapisseries, haute & basse-lisse, auxquelles les Entrepreneurs actuels ont donné le plus haut degré de perfection. Les matieres qu'on emploie dans leur fabrication sont la laine & la soie, & quelquefois l'or & l'argent.

Une chose à observer d'abord est que l'ouvrier est derriere son ouvrage pour travailler, & a pareillement derriere lui le tableau qu'il veut copier. La haute-lisse se fait perpendiculairement. La trame est de laine blanche, torse en six & sept brins, qui se file à Turcoin en Flandres, & la chaîne pour la couvrir se fait en soie & laine nuancées, suivant le ton de chaque objet qu'il faut copier d'après le tableau qui est derriere, & qui est plié sur deux rouleaux, pour ne voir que ce qu'il faut, & ce qui est tracé sur la trame à fur & à mesure par l'ouvrier même, avec une pierre noire, dure, amincie & dentellée. Un Peintre d'Histoire de l'Académie Royale de Peinture est chargé de prendre le trait général du tableau au voile qu'il dessine à la couleur, & que l'ouvrier pose contre cette trame pour en suivre les contours, en prenant de la main gauche chaque fil seul, qu'il tourne pour le tracer avec cette pierre noire de la main droite, & pour exécuter les parties les plus difficiles & avec plus de précision, comme tête, pieds & mains. Le calque en est pris au papier vernis, ou papier huilé : toutes les chairs & carnations se font en laine ; chaque nuance du clair-brun compose trente-deux & trente-six couleurs de suite sur la même eau ou même ton. On nomme cette même nuance corps de nuance ; on prend celle du ton principal avec autant de justesse qu'il est possible, & d'après la tête que l'on veut exécuter, & en remontant de tout en tout des corps de nuance des plus beaux & plus vifs pour aller aux couleurs à rougir, aux couleurs de bouche, toujours au-dessus de ce premier ton principal, & d'après lequel encore on prend d'autres nuances au-dessous & de plus foible en plus foible, pour avoir tous les tons nécessaires qui peuvent entrer dans une tête. On ne peut fixer le nombre exact des couleurs qui y entrent.

Toutes ces différentes couleurs qui ont été teintes à la Manufacture, se mettent en échevaux, ensuite sur une tournelle, & avec un rouet, on prend un brin de cette laine que l'on met en tournant le rouet sur une broche de bois qui a une tête, une partie plus mince arrondie sur laquelle se trouve cette laine retenue par une rondeur à cette broche plus élevée qui est faite au tour, & va en diminuant en pointe. Cette broche a environ sept à huit pouces de long : on peut en voir la forme dans l'Encyclopédie. On la passe dans les fils pour le travail & de la main droite seulement, la main gauche étant occupée à tirer les ficelles que l'on nomme lisse, & dont, par un bâton de croisiere qui est au-dessus, les fils se trouvent croisés ; savoir, un fil sans lisse, & une autre passé dans la lisse, ce qui forme le point. Le travail pour les têtes, carnations & draperies, se fait de la main droite, qui passe de droite à gauche quatre ou six fois, comme on veut, en suivant la finesse des laines, pour former ce que l'on appelle une achure de quatre ou six duittes plus ou moins longues. La premiere duitte est la plus longue ; la seconde plus courte ; la troisieme encore plus raccourcie, & les vuides que ces duittes ont laissé se remplissent par le brun ou le clair de la laine, & de l'un à l'autre, de couleur en couleur, suivant le ton du tableau que l'on copie dans l'espace tracé sur la trame, & que l'on enfonce avec un peigne d'ivoire ; ce que l'on conçoit plus facilement en voyant avec attention le travail. Dans toutes les autres parties de ce travail, il en est beaucoup où il ne faut point former d'achure, comme dans l'exécution des fleurs, des oiseaux & animaux quadrupedes. Quand il s'agit d'imiter la touche du pinceau, ce travail devient différent & moins difficile dans ces différens ouvrages ; tout ce qui est lumineux & en demi-teinte se fait en soie, & les ombres en laine.

Les soies se tirent de Lyon surcrues & filées ; elles sont en deux brins torts chacun & tous deux ensemble ; elles sont teintes sur les échantillons donnés à la teinture de la Manufacture. Elles se nomment grenade, demi-grenade & rondelette. On mêle deux soies & quelquefois trois ensemble, selon les tons dont on a besoin. Toutes les laines se travaillent simples, le filé en est doux & très-peu retort, de façon que les deux brins ensemble n'en font qu'un.

La basse-lisse se fait avec les mêmes étoffes, & forme le même point quand elle est achevée. Le métier est posé horisontalement ainsi que la trame ; l'ouvrier assis sur un banc derriere le rouleau, a la facilité, en posant ses pieds sur des marches, de tirer, au lieu de lisse, les laines pour ouvrir la trame, & de se servir de ses deux mains pour passer la flûte de bois sur laquelle est la laine ou la soie entre les fils ; ce qui prend la place de la broche en haute-lisse ; & par ce moyen il va plus vîte d'un tiers au moins qu'à la haute-lisse. Les traits sur papier vernis sont dessous la trame que l'on suit pour le dessein, & le tableau est derriere. On ne trace point la trame, comme à la haute-lisse; tout ce qui s'ensuit est de même que pour le travail de la haute-lisse. Le prix de l'aune quarrée est aussi d'un tiers de différence de l'une à l'autre.

Quant à la description des outils dont on se sert dans cette Manufacture, & de tout ce qui concerne le métier, il faut s'en rapporter à ce qui en a été dit dans l'Encyclopédie, à l'article de cette Manufacture.

Cette Manufacture occupe environ cent-vingt ouvriers. On y forme encore des élèves, dont il y en a actuellement quarante. Le plus grand nombre d'entr'eux est pris parmi les enfans des ouvriers, par préférence aux étrangers. Tous les quatre ans environ, il s'y fait des apprentifs aux dépens du Roi. Ceux-ci ne doivent être âgés que de dix à douze ans : les meilleurs ouvriers font chargés de les former ; ils font regardés eux-mêmes comme ouvriers, après le tems de leur apprentiffage qui eft de fix années. Quand on les trouve affez habiles, leur travail eft alors pour leur compte ; car dans le tems de leur apprentiffage, ce qu'ils font eft au profit de l'ouvrier, qui lui a montré fon métier. Si lefdits apprentifs n'ont pas encore acquis la capacité fuffifante pour fe conduire, on prolonge le tems de leur apprentiffage de deux ans; ils dépendent toujours du même maître, qui leur donne alors moitié du prix de leurs ouvrages, en dédommagement de leurs peines & foins. Une partie des ouvriers, tant de la haute que de la baffe-liffe, eft logée dans l'Hôtel de la Manufactnre ;

d'autres ont le logement en argent. Il y a en outre de petites penfions payées par le Roi, pour ceux qui font hors d'état de travailler. On en accorde auffi d'autres, à titre de récompenfe, à ceux qui fe diftinguent le plus, tant par leurs ouvrages que par leur bonne conduite. C'en eft affez pour entretenir l'émulation, & maintenir le bon ordre.

M. le Comte de Falckenftein voulut voir la maniere dont fe fabriquent les étoffes de cette Manufacture, ce que tous les ouvriers fe mirent en devoir de faire devant lui. Les Entrepreneurs de la Manufacture eurent l'honneur, chacun dans leurs atteliers, de lui expliquer les différentes manœuvres de ce travail, & répondre aux queftions que cet illuftre Voyageur daigna leur faire, ce dont il parut être fatisfait. Après quoi on lui fit voir les tapifferies les plus précieufes.

Dans la galerie où l'on tend les tapifferies

pisseries faites, M. le Comte de Falckenstein vit cinq pièces de l'Ancien Testament, d'après Coypel pere & fils.

Deux pièces des Arts, d'après Restout; & trois pièces de l'Histoire de Marc-Antoine, d'après Natoire.

Cinq pièces de l'Histoire de Jason, d'après de Troyes.

Six pièces de l'Histoire de Don-Quichotte, fonds de damas cramoisi, d'après Coypel fils.

Quatre pièces de Scènes de Théâtre; & quatre autres de Roland & d'Armide, d'après le même Auteur.

Quatre pièces des Loges du Vatican, d'après Raphaël.

Cinq pièces des Productions des Indes, d'après Desportes.

Quatre pièces de Pastorales, d'après Boucher, fonds de damas cramoisi.

On lui montra ensuite le Portrait en tapisserie d'Henri IV, & celui du Duc de Sully, exécutés sous la conduite des sieurs Cozette pere & fils, qui parurent lui faire plaisir. Ces deux Portraits étoient les mêmes que lesdits sieurs ont depuis présentés à Leurs Majestés & à la Famille Royale.

M. le Comte de Falckenstein admira la beauté de ces tapisseries, dont la vérité des couleurs rend les plus grands & les meilleurs Tableaux. Il trouva que de pareils ouvrages étoient bien dignes par leurs richesses de la magnificence d'un grand Roi. Aussi notre auguste Monarque lui en a-t-il fait présent de plusieurs, conformément à son goût, pour meubler différens appartemens, sçavoir:

Les quatre pièces des Loges du Vatican, d'après Raphaël,

Huit pièces de Productions de fruits, plantes & animaux des Indes, d'après Desportes,

Les quatre pièces d'une tenture de Pastorales, de Boucher.

Quatre portières, douze fauteuils, un écran & un paravant en six feuilles, fonds de damas cramoisi.

MANUFACTURE ROYALE de Tapis, façon de Perse & du Levant.

Dans la même matinée du 8 Mai, M. le Comte de Falckenstein alla visiter cette Manufacture, qui est située à Chaillot & sur la route de Versailles, à un lieu nommé la Savonnerie, parce qu'anciennement il y en avoit une, comme on le voit encore aujourd'hui. Il y trouva les mêmes personnes préposées aux Bâtimens, & dans chaque Attelier un Ouvrier, pour lui montrer la maniere dont on travaille les ouvrages de cette Manufacture. Voici l'origine & l'état actuel de cet établissement.

A la même époque que Henri IV établissoit des Manufactures de Tapisserie de Flandres & d'autres étoffes, un particulier, nommé Pierre Dupont, fils de François Dupont, Tréforier de la Gendarmerie, ayant quitté ſes études dans l'abſence de ſon pere, lors de la Ligue, s'occupa beaucoup de l'enluminure. Après quoi il s'adonna aux ouvrages de tapiſſerie, pour trouver dans ce genre de travail une reſſource à ſa mauvaiſe fortune : on connoiſſoit cependant déjà des tapis, dont l'invention venoit des Sarrazins, que ceux-ci avoient introduits en France, & dont la qualité s'appelloit, point-Sarrazin; mais ces ſortes d'ouvrages étoient faits ſans goût. Dupont imagina de les perfectionner par le moyen de nouveaux outils & de différentes matieres ; il avoit vu des tapis de Turquie, tels qu'on en fabrique encore aujourd'hui dans cette partie de l'Aſie. Il en voulut faire de ſemblables, & il y réuſſit ; de ſorte que ſa Fabrique ne différa de celles du Levant que par la beauté du deſſin. L'origine de ces tapis eſt donc la même que celle du Levant ; Dupont la fait monter au tems de l'ancienne Loi.

Quoi qu'il en soit, Henri IV vit avec satisfaction plusieurs échantillons des ouvrages de la Fabrique de Dupont, que lui présenta Marie de Médicis. Le Roi ordonna à M. de Fourcy, Intendant de ses Bâtimens & Manufactures, de lui amener Dupont : ce fut alors, & en 1604, qu'il lui accorda un logement dans sa Galerie du Louvre. Henri IV l'honora même une autre fois d'une visite dans son Attelier, où il le vit travailler à un ouvrage de sa Fabrique, or & soie, qu'il faisoit pour Sa Majesté, dont il étoit déjà le Tapissier ordinaire. Il en fut tellement satisfait, qu'il érigea sa Fabrique en Manufacture Royale, par brevet de 1608. Les circonstances du tems suspendirent l'effet de ce brevet jusqu'en 1626, après la mort du Roi.

Mais déjà, en 1615, Marie de Médicis avoit fondé, au lieu même de la Savonnerie, un Hôpital en faveur d'enfans mâles des parens pauvres, qu'elle tira des Hôpitaux de Paris trop chargés. Simon Lourdet, Apprentif de Dupont, obtint de la Reine, alors Régente, en 1620 ou 1621, un logement dans ledit Hôpital, à condition qu'il apprendroit son métier aux pauvres enfans qui y étoient entretenus. Cette fondation ne subsista pas long-tems, & fut réunie aux Enfans-Trouvés. Lourdet, qui s'étoit associé avec Dupont, continua toujours le même genre de travail. En 1626, on accorda à l'un & à l'autre des Lettres patentes, & la jouissance des mêmes priviléges qu'avoient obtenu les sieurs Comans & de la Planche, Entrepreneurs des Tapisseries de Flandres, avec une pension de 1500 livres pour tous les deux. Cette association ne fut cependant pas sans trouble.

Après la mort de Pierre Dupont, Louis Dupont son fils continua la même entreprise avec Simon Lourdet. M. Colbert, dont le génie veilloit sur-tout aux Arts & au Commerce, ranima cette Manufacture. Les Entrepreneurs eurent ordre de fabriquer quatre-vnigt douze tapis, pour aſſortir toute l'étendue de la grande Galerie du Louvre, formant deux cent vingt-ſept toiſes de longueur, ſur quatre toiſes trois piedes de largeur. On en exécuta les deſſins analogues au plafond; Dupont, qui en étoit chargé, fut obligé de partager l'ouvrage avec Simon Lourdet. Il ne fut achevé que ſous M. de Louvois. Ce Miniſtre le trouva ſi beau, qu'il fit faire un pareil nombre de tapis pour les donner en préſent au Roi de Dannemarck, par ordre de Sa Majeſté. Philippe Lourdet, fils de Jean Lourdet, & Louis Dupont, qui tenoit encore l'Attelier accordé à ſon pere dans les Galeries du Louvre, furent chargés de cette ſeconde entrepriſe.

La Manufacture reſta quelque tems dans un état de langueur; mais en 1712, elle reprit ſon éclat par les ſoins de M. le Duc d'Antin, Directeur des Bâtimens, &c. Un Édit du Roi renouvella les priviléges accordés tant aux Entrepreneurs qu'aux Ouvriers de cette Manufacture; il établit une discipline, & enjoignit aux Intendans des Bâtimens de tenir un rôle exact, soit des Elèves, soit des Ouvriers, pour empêcher la désertion & la discontinuation de l'ouvrage, capables de causer la chûte de cette Manufacture. MM. Robert & Jules de Cotte, successivement Intendans des Bâtimens, seconderent le Duc d'Antin. Bertrand Duport, petit-fils de Pierre Dupont, étoit alors seul Entrepreneur. D'excellens Peintres furent chargés d'exécuter des desseins qui représentoient des fruits, des fleurs, des animaux & quelquefois des figures. Différens ouvrages qui sortirent alors de cette Manufacture, prouvent bien qu'on peut y mettre, avec de l'application, les qualités requises dans un ouvrage de peinture. C'est dans cet état brillant que M. de Noinville, successeur de Bertrand Dupont, a laissé cette Manufacture, dont MM. Duvivier pere & fils sont aujourd'hui les Entrepreneurs.

Les ouvrages qu'on y fabrique sont de haute-lisse, qui se fait perpendiculairement comme aux Gobelins; mais il y a beaucoup plus d'opérations dans celles de la Manufacture des tapis de Turquie que dans celle des Gobelins. Le travail de cette derniere est un tissu; celui de cette Manufacture est un point noué, dont les deux bouts coupés à égalité font un velour. Quant à la maniere avec laquelle on fabrique ces sortes de tapis au métier, & à la façon de travailler, on peut consulter l'Encyclopédie, où ces trois objets sont traités d'une maniere satisfaisante, d'après les instructions prises du Directeur de cette Manufacture.

On ne peut disconvenir que les ouvrages qui sortent de cette Manufacture ne soient très-beaux ; mais cependant avec quelques légers changemens, & en renouvellant de trois ou de six en six ans les deſſins, ſuivant le tems & les modes, ces ſortes d'ouvrages ſeroient portés au plus haut degré de perfection, & leur débit ſeroit plus conſidérable, malgré leur cherté. En effet, ces tapis repréſenteroient tous les objets de la Nature. Cette Fabrique fournit tous les moyens de faire avec facilité les mêlanges les plus parfaits dans les couleurs, & de rendre le moëlleux ou le gras des plus beaux ouvrages. Son velouté occaſionne la répétition des ombres, & donne par-là beaucoup d'ardeur ſans dureté.

M. le Comte de Falckenſtein vit avec plaiſir le portrait de Louis XV, & celui de Joſeph II, Empereur d'Allemagne, faits en tapiſſerie par le ſieur Duvivier fils, Directeur de cette Manufacture, ont les talens promettent tout ce qu'on peut attendre de ces ſortes d'ouvrages. Celui de Louis XV est très-ressemblant ; celui de l'Empereur, tiré d'après un mauvais modèle, & qui n'est aussi que l'essai d'un jeune homme, doivent faire juger de sa capacité.

On se plaint beaucoup aujourd'hui de la cherté de ces tapis, que quelques personnes veulent mettre en parallele avec ceux d'Aubusson. Trois raisons empêchent de vendre les premiers au même prix que les derniers, & détruisent le parallele : la premiere, c'est que les tapis qu'on fabrique à Aubusson n'approchent pas de la perfection de ceux qui se fabriquent dans la Manufacture de Chaillot ; la deuxieme, la qualité & la quantité des matieres dans les uns & dans les autres n'est pas la même ; la troisieme, la Manufacture d'Aubusson est établie dans un lieu où les denrées sont à plus bas prix, de façon que dans cette Manufacture deux cent-cinquante personnes sont assurées d'y être journellement occupées ; c'en est assez pour prouver que les tapis d'Aubuſſon peuvent être laiſſés à un prix modique, ceci n'auroit pas beſoin d'autre démonſtration; mais le Directeur de la Manufacture de Chaillot en a bien donné une preuve palpable.

Il avoit fait tendre un des plus beaux tapis de la Manufacture dans la cour, à l'arrivée de M. le Comte de Falckenſtein, afin que cet illuſtre Etranger pût mieux juger par l'enſemble de la pièce, de la perfection de l'ouvrage. M. le Comte de Falckenſtein le trouva en effet très-beau, ſoit pour l'exécution des formes, ſoit pour le brillant des couleurs. Il demanda de quelle valeur étoit ce tapis; ſur ce qu'on lui répondit, qu'au prix de 220 liv. l'aune, il pourroit valoir environ 10,000 liv., notre illuſtre Voyageur le trouva cher; mais après qu'on lui eût repréſenté, ſans lui faire conſidérer la quantité & la qualité des matieres employées dans ſa fabrication, que quatre ouvriers s'étoient uniquement occupés de cet ouvrage pendant vingt-sept mois, il changea d'avis, & demeura convaincu qu'il n'y avoit pas lieu de se récrier sur le prix. Un pareil jugement vaut encore mieux que la plus longue démonstration.

A ce sujet plusieurs diront : à quoi bon entretenir une Manufacture, dont les ouvrages sont si chers, & dont d'autres Manufactures font jouir des mêmes avantages ? Mais compte-t-on pour rien l'encouragement des Arts, l'émulation que cet établissement entretient, l'aisance qu'elle procure aux individus qui y sont employés, la gloire qui en revient à la Capitale ? En effet, cette Manufacture soutient une partie des familles de Chaillot. Il avoit été question, il y a quelques années, de la réunir à celle des Gobelins ; mais alors les mêmes inconvéniens subsisteroient toujours. D'ailleurs les ouvrages qui sortent de la Manufacture des Gobelins ne sont pas les mêmes ; insensiblement l'usage de travailler à ceux de la Manufacture de Chaillot se perdroit, & ce seroit un Art de moins dans le Royaume. Bientôt si on se laissoit éblouir par quelques raisons apparentes, les autres Arts subiroient le même sort. Loin de les bannir, le Gouvernement doit les encourager, & les maintenir au plus haut degré de perfection.

On a essayé, afin de satisfaire le Public, qui désire de posséder des beaux ouvrages à bas prix, de fabriquer dans cette Manufacture d'autres tapis, en employant une moindre quantité & une plus basse qualité de matières dans la fabrication, qui exige alors un plus petit nombre d'ouvriers. L'effet a prouvé que son désir ne pouvoit être rempli, quant à la perfection de l'ouvrage, qui devient alors très-commun, pour ne pas dire grossier.

Rien n'est plus beau que ces sortes d'ouvrages, tels qu'on les fabrique aujourd'hui. On en voit de parfaits modeles dans le Chœur de Notre-Dame de Paris; mais il faut avoir soin que le deſſin réponde à la grandeur de la pièce où le tapis doit être placé, à la qualité des meubles, aux ornemens & au lambris des appartemens; leur effet en ſeroit beaucoup plus beau. Si l'on obſervoit cette regle dans ceux qu'on commande à l'uſage du Roi & de la Famille Royale, les appartemens de Verſailles paroîtroient plus ſomptueux; il y régneroit plus de goût. Ce changement tourneroit à la gloire de l'ouvrier, & la dépenſe ſeroit toujours la même.

M. le Comte de Falckenſtein admira les ouvrages de cette Manufacture, qui lui parut auſſi digne de la magnificence Royale d'entretenir que celle des Gobelins. Sa Majeſté lui a fait préſent de trois tapis, parmi leſquels s'eſt trouvé celui qu'il avoit vu dans la cour, avec un paravent complet des Fables de la Fontaine, d'après Oudry, & une certaine quantité de banquettes & tabourets.

Après cette derniere visite, M. le Comte de Falckenstein fit l'honneur à M. Soufflot d'aller chez lui pour y voir le plan en relief de l'Eglise Sainte-Genevieve, & quelques autres dessins de cet Architecte. M. Coustou, Sculpteur, à qui la France doit le Mausolée de Mgr. le Dauphin & de Madame la Dauphine, dont j'ai déjà parlé, s'y étoit rendu. Cet Artiste, qui ne s'étoit pas trouvé à son Attelier, lorsque M. le Comte de Falchenstein le visita, eut alors la gloire d'entendre de la bouche de cet illustre Voyageur le plus bel éloge de ses talens. Le Directeur des Batimens saisit cet instant si glorieux pour M. Coustou, & lui remit la récompense de ses travaux en présence de M. le Comte de Falckenstein; c'étoit le Cordon de l'Ordre du Roi, qu'il étoit chargé en sa qualité, de lui donner, depuis quelques jours, de la part de Sa Majesté; époque bien flatteuse pour cet habile Artiste, de recevoir une grace accompagnée d'un si auguste témoignage, & dont sa mort, arrivée le 12 Juillet suivant, ne lui a pas permis de jouir longtems ! Souvenir qui doit servir à faire connoître la maniere dont le Roi protege & récompense les talens !

MANUFACTURE Royale de Porcelaine.

M. le Comte de Falckenstein voulut encore voir cette Manufacture établie à Sève, sur la route de Versailles ; rien n'est plus beau que les ouvrages qu'on y fabrique en porcelaine. Ils peuvent être mis en parallele avec ceux de ce genre, de la Chine & du Japon ; mais c'est aussi l'invention la plus funeste du luxe par sa fragilité. Je n'y vois d'autre utilité que celle de prouver le génie de la Nation Françoise. Le prix des ouvrages de cette Manufacture est excessif. C'est un de ces établissemens qui prive les Campagnes d'une multitude de bras ; Sully ne l'eût pas laissé subsister long-tems. Je ne parle pas des sommes qu'on emploie à l'entretenir, dont la masse diminueroit le poids des charges de la Nation & des dettes de l'État. Cette Manufacture ranime cependant l'industrie, & contribue au progrès des Arts.

Il faut avouer que la France le dispute à tous les Pays où l'on connoît cette sorte de fabrication par la finesse & la délicatesse des dessins. Un Peintre de l'Académie Royale de Peinture & de Sculpture est chargé de les faire, & de les conduire; les figures en porcelaines sont aussi exécutées sous la conduite d'un Sculpteur de la même Académie. On avoit imité celle de M. le Comte de Falckenstein, que l'Intendant de la Manufacture eut l'honneur de lui présenter. Cet illustre Voyageur fut aussi satisfait de la ressemblance que de la beauté de l'ouvrage. Les Allemands excellent en ce genre de fabrication; mais eux-mêmes conviennent que leurs ouvrages ne sont pas supérieurs aux

nôtres, la pâte n'en eſt pas ſi fine, &
leurs plus belles productions pêchent
par le défaut du goût. Un Miniſtre &
Secrétaire d'État a la Direction & l'Ad-
miniſtration de cette Manufacture; il a
ſous lui un Intendant, qui eſt principa-
palement chargé d'y veiller.

Le but des voyages de M. le Comte
de Falckenſtein, n'étant pas ſeulement
de conſidérer ce qui flatte la curioſité,
mais principalement de s'inſtruire & de
profiter de toutes ſes obſervations, il
a porté ſon attention ſur tout ce qui
pouvoit tendre à cette fin. Il voulut
connoître nos uſages & nos Loix, &
de quelle maniere ſe rendoit la Juſtice
chez un Peuple auſſi éclairé que le nôtre : ce deſir le conduiſit deux fois au
Palais.

LE PARLEMENT.

Ce lieu a été pendant long-tems la
demeure de nos Rois, & c'eſt pour
cela qu'il porte ce nom de Palais. Il a

été celui de Saint Louis pendant la durée de son regne; la Sainte-Chapelle étoit son Oratoire. Dans ce tems-là nos Rois rendoient eux-mêmes la Justice dans leur propre Cour; ils tenoient plusieurs Parlemens dans l'année, en différentes Villes comme en différens tems. On fixe l'origine de celui de Paris à l'année 577, c'est-à-dire avant Charlemagne. Son ressort est le plus considérable de tous ceux du Royaume.

Quand Philippe Le Bel rendit ses Parlemens sédentaires, & que nos Rois se déchargerent tout-à-fait du soin de rendre la Justice, les Tribunaux Souverains furent composés des Barons du Royaume, de quelques Gens de Loix qu'on appelloit Légistes, & depuis, Gens de Robe. Les Parlemens continuerent de rendre la Justice au lieu même où les Rois la rendoient. Nos Souverains eurent après cette cession différentes demeures. Mais bientôt les Grands, que leurs qualités & leur ignorance, dont ils faifoient profeffion, felon les mœurs du tems, rendoient incompatibles avec cette forte de travail, & ennuyés d'un exercice dont ils ne tiroient d'autres fruits que des peines & de la fatigue, laifferent les Magiftrats feuls Juges des conteftations qui s'élevoient parmi les Citoyens. Quelques-uns cependant d'entr'eux ne renoncerent pas tellement à leurs droits, qu'ils voulurent s'exclure pour toujours de ces Affemblées. Ils prétendirent y affifter, quand leur intérét ou quelqu'autres raifons l'exigeroient; de-là vient que nous voyons encore les Pairs Laïques & Eccléfiaftiques prendre féance au Parlement.

Sous François I, le Cardinal Duprat introduifit la vénalité des Offices de Confeillers & Préfidens pour avoir de l'argent. Ces Offices furent héréditaires; alors il n'y eut plus que les Princes du Sang, fix Pairs Eccléfiaftiques & plufieurs Pairs Laïques dont le nombre n'eft pas limité, & les Gens de

Robes pourvu des Offices créés par le Roi, qui eurent entrée au Parlement. Le nombre des Magiſtrats a été augmenté & diminué depuis, ſuivant les circonſtances. Le Parlement eſt diſtribué en différentes Chambres, dont le nombre, ainſi que celui des Membres qui le compoſent, vient depuis peu d'être fixé par un Édit du Roi. Outre le Parlement il y a encore dans l'enclos du Palais différentes Juriſdictions ſupérieures & ſubalternes.

Mais dans quel état M. le Comte de Falckenſtein a-t-il trouvé cet aſyle ſacré! L'incendie du 10 Janvier 1776, dont il n'y avoit pas eu d'exemple depuis 1618, ne lui a offert de toutes parts que des ruines. Des Marchands de toute eſpèce, des choſes même que notre ſiecle a produit de plus leger, en ornent toutes les ſalles, & font de ce ſanctuaire un lieu de négoce & de trafic. C'eſt en traverſant pluſieurs haies de vendeurs qu'on parvient au Tribunal de la Cour des Pairs. Rien n'est cependant plus majestueux que ce Sénat: une nombreuse Compagnie qui le compose imprime dans tous les cœurs, par l'appareil de ses habits, & un air vénérable qui sied au Ministre de la Justice, ce respect qui est gravé sur le front de chacun de ses Membres : le silence qui regne dans cette enceinte, un Barreau éclairé, tout tend à rendre ce lieu redoutable, & ne fait plus désirer ces tems où l'Orateur, chargé de plus grands intérêts, avoit à parler devant une foule tumultueuse, dont les suffrages dirigeoient la main de la Justice.

Dans la premiere visite que fit M. le Comte de Falckenstein au Palais, il entra dans la Chambre d'Audience du Bailliage, où le Procureur du Roi donnoit ses conclusions dans une Cause en séparation. Il s'informa d'un Procureur qui s'y trouva, de la nature de cette Jurisdiction, & s'entretint quelques tems avec lui fur des objets relatifs aux ufages du Palais. De-là il paffa à la Grand'Chambre, où l'on alloit lever l'Audience, & ne voulut point prendre place, quelqu'inftance qu'on lui fit. Après quoi il entra au Parquet, d'où après s'être entretenu avec M. Séguier, Avocat-Général, qu'il connoiffoit de réputation, il vifita les différentes Chambres du Palais avec le Premier Préfident & d'autres Membres de la Cour, & plufieurs Pairs déjà arrivés pour juger le procès de M. le Maréchal Duc de Richelieu avec Madame de Saint-Vincent. Il ne trouva fans doute que la Grand'Chambre & celle de la Tournelle dignes de la premiere Cour de Juftice du Royaume: les autres en effet font petites & incommodes, les chemins qui y conduifent font obfcurs & étroits.

Il feroit à fouhaiter qu'on eût adopté un plan général pour la nouvelle conftruction du Palais, & qu'enfin l'ordre

&

& la décence même depuis long-tems desirés fussent établis. Les moyens ne manqueroient pas plus pour l'exécution du tout que pour une partie (*). Alors ce nouvel édifice eût été digne d'être appellé le Temple de la Justice : sa principale porte auroit été à la rue du Harlay, vis-à-vis de la Place Dauphine. Un portail magnifique annonceroit l'entrée de cet édifice, dont on banniroit au dedans les Marchands. Ces galeries destinées à étaler leurs marchandises, seroient changées en superbes avenues, décorées des Statues des Magistrats intègres & de célèbres Orateurs, tels que les Lamoignon, les l'Hôpital, les Lemaître, les Cochin. Eh ! pourquoi n'en auroient-ils pas ? Pourquoi n'obtiendroient-ils pas enfin un triomphe si bien mérité, dans un siècle où l'on commence à rendre hommage publique-

---

(*) On a augmenté l'imposition de tous les individus du ressort du Parlement de Paris, de 6 deniers par livre, à raison de cette reconstruction.

ment au génie & à la vertu. De pareils monumens entretiendroient l'émulation, & exciteroient à imiter les grands exemples. On distribueroit dans cet immense édifice des chambres plus vastes & plus commodes au Public pour la Grand'Chambre, la Tournelle, les Enquêtes, la Chambre des Requêtes, & les différentes Jurisdictions qui y sont aujourd'hui. Cet asyle redoutable, où l'on célebre les plus grands Mystères de la Religion, seroit isolé du trouble & de la dissipation; & l'on ne verroit plus régner depuis plusieurs siecles un contraste aussi indécent. On pourroit encore construire dans cette enceinte une Bibliotheque publique, grossie de celle des Avocats, qui seroit à la charge de la Magistrature & du Barreau. La Jeunesse trouveroit ainsi une source d'instruction, dans le lieu même où elle viendroit développer le fruit de ses études.

De la sortie des différentes Chambres du Palais, M. le Comte de Falckenstein alla visiter la premiere Présidence. M. le Premier Président eut l'honneur de l'y conduire, & de le recevoir; il retourna ensuite à la Grand'Chambre, & vit les Chambres s'assembler avec les Princes & les Pairs; & quand toute la Compagnie fut en place il se retira, sans exiger la moindre cérémonie. Je donnerai une légère idée de l'affaire du Maréchal de Richelieu, & rendrai compte de l'Arrêt; mais auparavant je veux faire quelques observations sur la Justice en général, & faire voir quelles sont en France les Loix qui la dirigent.

Les Charges des Magistrats, dans tous les Tribunaux du Royaume, sont héréditaires. Ceux qui en sont revêtus ne peuvent en être dépouillés que par résignation ou forfaiture. Les Causes s'y défendent par le ministère des Avocats, soit par écrit, soit par la parole. Les Procureurs, créés en titre d'Office, sont chargés uniquement d'instruire les procédures. Quant aux Loix, elles varient selon les Provinces & selon les Villes. La subtilité des Jurisconsultes y découvre tant de faces, les retourne en tant de façons, que d'une question décidée on en voit naître une infinité d'autres plus incertaines que la premiere. Ces questions enfantent de nouveaux procès, ces procès des Arrêts: ces arrêts forment encore un corps de Jurisprudence ; leur interprétation est un labyrinthe où chacun veut trouver son salut, & où la plûpart s'égare.

Le Droit François consiste en tout ce qui est reçu, comme Loi ou comme Coutume. Il est divisé en Droit commun du Royaume, & en Droit commun de chaque Province. Les Ordonnances des Rois de France, & certaines maximes généralement reçues, forment le Droit commun du Royaume. Mais le Droit commun de chaque Province est le Droit écrit ou la Coutume. De-là on appelle les Provinces de France, les unes Pays de Droit écrit, & les autres, Pays Coutumier. Le Droit écrit est le Droit Romain, c'est-à-dire les Loix Romaines : les Coutumes ne sont pas les mêmes dans tous les Pays. Elles sont souvent contraires les unes aux autres : elles sont d'ailleurs sujettes à différentes gloses & interprétations. Voilà les inconvéniens des Coutumes. Le Droit écrit n'en est pas exempt.

Qu'est-ce que ce Droit écrit ? Une Collection rédigée sans ordre, sans choix, hérissée de contradictions, où par-tout on ne voit que les marques de la précipitation & de la négligence; une Collection qui n'est qu'un assemblage informe de Loix, où les beautés & la savante économie de la Jurisprudence Romaine s'y trouvent tellement enveloppées que toute l'adresse & la sagacité des savans Interprêtes des derniers siècles a pu suffir à peine à les démêler. Et quoiqu'enfin ces Loix

Romaines paroiſſent plus ſages que les Coutumes, qui ne ſont la plûpart que des veſtiges de la barbarie de nos peres, voit-on dans les Provinces éclairées par la lumiere de ſi belles Loix, moins de procès qu'ailleurs, moins de queſtions, moins d'Avocats, moins de Commentaires & moins de Conſultations, toujours ſavantes & néanmoins contraires les unes aux autres ? Au milieu de ces déciſions authentiques, de cette contrariété des Loix, la Juſtice héſite à chaque pas.

Cet amas monſtrueux de tant de Loix, où la ſageſſe de quelques-unes ſe trouve confondue avec la bizarrerie & même l'injuſtice des autres, leur diſparité étonnante fait deſirer une uniformité générale, & néceſſite de fixer notre Juriſprudence. Depuis long-tems les plus grands Hommes de la France, tels que l'Hôpital, Colbert, d'Agueſſeau, ſe ſont occupés de cet important objet. Les malheurs des tems ont toujours fait échouer leurs vues sages ; & depuis plus de deux siècles, il n'y a encore qu'une très-petite partie de leur projet remplie. Nous n'avons de ce Code que quelques Ordonnances de Louis XIV & de Louis XV ; le Droit civil est, pour ainsi dire, dans le cahos.

Mais il n'en est pas de même en matière criminelle ; & quoique les questions s'y subdivisent encore en différens incidens par le nombre & l'embarras des formes, la sagesse de Louis XIV y a pourvu d'une maniere précise, le crime aujourd'hui ne peut rester long-tems impuni. C'est la Loi qui prononce. Elle a prévu tous les cas ; & le Juge doit conformer strictement ses Oracles à ses décisions, sous la peine réservée aux prévaricateurs. En cette seule matiere la Loi est uniforme dans tout le Royaume ; & tel qui a commis un crime dans une Province régie par le Droit écrit, pourroit être jugé, s'il y avoit lieu, dans un Pays de Coutume, suivant la même Loi, comme s'il avoit été le lieu du délit.

Le procès du Maréchal Duc de Richelieu étoit criminel. Il s'agissoit d'un crime de faux. Voici ce qui a donné lieu à cette affaire célèbre, qui a fixé pendant trois années l'attention de toute l'Europe. Mademoiselle de Villeneuve de Vence, issue d'une des plus illustres Maisons de France, avoit été mariée à un âge encore tendre à M. Fauris de Saint-Vincent, Président à Mortier au Parlement d'Aix. Mais, par un Jugement de sa famille, il avoit été convenu, deux ans après son union, dont il existe deux enfans, qu'elle se retireroit dans un Couvent. Elle y étoit détenue depuis vingt ans, lorsque le Maréchal Duc de Richelieu, son allié, lui fit obtenir la révocation de sa Lettre de cachet, & différentes translations d'un Couvent à un autre. Ennuyée de ce genre de vie, la Dame de Saint-

Vincent se rendit, à la faveur du même crédit, à Paris. Bientôt après, c'est-à-dire en 1774, le Maréchal Duc de Richelieu l'accuse d'avoir souscrit en son nom douze billets au porteur, montant à la somme de 420,000 liv., dont elle en avoit même déjà négocié plusieurs. Il l'accuse aussi d'avoir falsifié plusieurs lettres. Sur sa plainte Madame de Saint-Vincent est traduite, le 25 Juillet de la même année, à la Bastille, puis au Châtelet, & au rétablissement du Parlement, à la Conciergerie. Onze autres personnes sont accusées de complicité avec elle, pour s'être mêlées de la négociation de ces billets ; savoir, le sieur de Vedel-Montel, Lieutenant-Colonel d'Infanterie, & Major du Régiment du Perche, dont elle avoit fait connoissance à Poitiers où il étoit en Garnison ; les Abbés de Villeneuve, Flayosc & Villeneuve de Trans ses parens ; Me Alleon-des-Gouttes, Avocat en Parlement ; -Canron, ancien Secrétaire du

Maréchal Duc de Richelieu ; Benavent, intéressé dans les affaires du Roi ; l'Abbé Froment, Aumônier du Couvent de la Miséricorde ; Boucher-de-Préville, Caissier général des Poudres & Salpêtres ; Rubit l'aîné, Tailleur du Roi ; Dubois, Négociant, & la veuve Leroi, Courtiere. La plûpart de ces co-Accusés avoient été jettés dans les fers à la même époque, & n'en avoient été élargis, ainsi que Madame de Saint-Vincent, que long-tems aprés.

Ce fut enfin le 7 Mai de cette année, après que ce fameux procès eût été repris avec la plus grande chaleur, après plus de trente-six heures pour recueillir les opinions, après la plus ample comme la plus solemnelle instruction, appuyée de la publication d'une multitude inombrable de Mémoires, soit pour prouver l'accusation, soit pour la justification des Accusés, qu'un Arrêt définitif & irrévocable fut rendu, toutes les Chambres assemblées, les Princes & Pairs y séans,

Voici la substance de cet Arrêt: il déclare faux, sans s'arrêter aux différentes plaintes *en subornation*, rendues, tant au Châtelet de Paris qu'au Parlement, par Madame de Saint-Vincent, contre le Maréchal Duc de Richelieu, les signatures & les constatés ou *bon pour*, apposés au bas des douze billets au porteur; il déclare pareillement fausses l'écriture & les signatures des vingt-deux lettres & fragmens de lettres dont il étoit question au Procès, & ordonne que ces billets & lettres feront lacérés: sur les accusations en faux principal, intentées par le Maréchal Duc de Richelieu, contre Madame de Saint-Vincent, il met les Parties hors de Cour, tous dépens entr'elles compensés.

Le même Arrêt enjoint à MM. de Vedel-Montel & Benavent, *d'être à l'avenir plus circonspects*, & néanmoins condamne le Maréchal Duc de Richelieu, *par forme de dommages-intérêts* envers chacun d'eux, en tous les dépens du Procès. Il décharge le sieur Canron des plaintes & accusations contre lui intentées, & néanmoins lui *enjoint d'être à l'avenir plus circonspect, & de ne plus altérer des billets par des acceptations simulées*; il condamne le Maréchal Duc de Richelieu en 3000 livres de dommages - intérêts envers lui & en tous les dépens. Il décharge pareillement les Abbé de Villeneuve-Flayosc, de Villeneuve - Trans & Froment, Me Alleon-des-Gouttes, Avocat, la veuve Leroy & Dubois, Boucher de Préville & Rubit l'aîné, de toutes plaintes & accusations contr'eux intentées par le Maréchal Duc de Richelieu; condamne ce dernier en 30,000 livres envers l'Abbé de Villeneuve-Flayosc; en 10,000 livres envers l'Abbé de Villeneuve Trans; en 3000 livres envers l'Abbé Froment; en 6000 livres envers Me Alleon-des-Gouttes; en 10,000 livres envers la veuve Leroy; en 300 livres envers Dubois; en 1000 livres envers Boucher de Préville, & en 2000 livres envers Rubit l'aîné; le tout de dommages-intérêts, & en outre en tous les dépens envers tous.

Madame de Saint-Vincent est condamnée à payer au sieur Boucher de Préville la somme de 60,000 livres, montant du billet à lui négocié, avec les intérêts du jour de l'échéance dudit billet, & aux dépens à cet égard envers le sieur de Préville. Elle est pareillement condamnée à payer au sieur Rubit l'aîné, la somme de 80,000 livres, montant des trois billets à lui négociés, avec les intérêts, & aux dépens à cet égard. Enfin le même Arrêt déclare qu'il n'y a pas lieu à donner suite aux dénonciations faites au Procureur-Général de Sa Majesté par les parens de la Dame de Saint-Vincent; & en conséquence, ordonne que les dénonciations déposées au Greffe Criminel de la Cour, seront supprimées; que les termes injurieux répandus dans les différentes Requêtes & Mémoires respectifs des Parties, seront également supprimés; met les Parties hors de Cour, sur les demandes en prise à partie formées contre le Lieutenant-Criminel du Châtelet de Paris, ainsi que sur toutes les autres demandes, fins & conclusions respectives. Il permet enfin aux Abbés de Villeneuve-Flayosc & de Villeneuve-Trans, à la veuve Leroi, aux sieurs Dubois, Alleon-des-Gouttes, Boucher de Préville & Rubit l'aîné, de faire imprimer l'Arrêt, chacun jusqu'à la concurrence de cinquante exemplaires, & d'en faire afficher dix aussi chacun, par-tout où bon leur semblera; le tout aux frais & dépens du Maréchal Duc de Richelieu.

Il n'y avoit pas eu d'exemple depuis plus d'un siècle d'une affaire criminelle où l'honneur d'un Pair eût été intéressé; je ne pense pas qu'il y en ait jamais eu d'aussi extraordinaire que celle-là. La Cour des Pairs, par son Arrêt, n'indique aucun coupable dans les Accufés; je ne fçais quelle peine auroit fubi le falfificateur des billets, s'il eût été découvert. Le crime de faux eft de nature à être puni très-gravement, parce que celui qui en eft convaincu ne manque pas à la feule perfonne du nom de laquelle il a abufé, mais à la fociété entiere. Auffi la mort d'un pareil coupable eft-elle la feule punition qu'on lui réferve en Angleterre. Le Docteur William Dold, quoique Miniftre, & d'une conduite irréprochable jufqu'aujourd'hui, vient d'être condamné à être pendu à Londres, pour avoir fait une fauffe obligation au nom du Comte de Chefterfield. La Sentence a été exécutée; mais on affure que les partifans de ce Docteur ont enlevé fon corps, qui étoit encore demeuré fufpendu après fon exécution, ainfi que cela fe pratique en Angleterre; & foit que le Bourreau eût mal fait fon office, foit qu'il fût d'intelligence avec eux, ce particulier a été tellement rendu à la vie par les foins empreffés de fes amis, qu'il a paru depuis peu en pleine fanté à Dunkerque.

Le Parlement en France eft le Tribunal où l'on juge en dernier reffort toutes les affaires, foit en matiere civile, foit en matiere criminelle, excepté les cas Prévotaux expliqués dans le Code Criminel. La punition de ces crimes appartient aux Préfidiaux, dont les Sentences font fans appel. Les Procès criminels fe jugent dans toutes les Jurifdictions à huis clos. Mais en matiere civile, les affaires fufceptibles de plaidoierie fe jugent à l'Audience publique. Les Avocats défendent refpectivement au Barreau leurs Parties. Dans les affaires concernant l'Eglife, les mineurs, les Hôpitaux, & autres fpécifiés dans l'Ordonnance, les Gens du Roi expofent par la bouche d'un Avocat - Général fuccintement la défenfe des Parties, fur laquelle ils donnent leur avis, ce qu'on appelle conclusions, & après lesquelles l'on juge. Cependant dans les affaires importantes, par la qualité des Parties, quelquefois par celle de la Cause, on emploie leur ministère afin de donner plus de solemnité au Jugement. Il y a des jours affectés pour juger ces grandes Causes, qui sont le lundi, mardi & jeudi de chaque semaine.

M. le Comte de Falckenstein voulut assister à une de ces Audiences pour connoître l'éloquence du Barreau, & de quelle maniere se rendoient les Jugemens. Il vint à ce sujet une seconde fois au Palais; ce fut le jeudi 15 Mai. M. Seguier, Avocat-Général, devoit porter la parole dans une Cause en la Grand'Chambre du Parlement, concernant la Grandesse d'Espagne, venant du chef de feu la Duchesse de Valentinois. Les Parties étoient le Duc de Fitz-James & le Marquis de Saint-Simon. M. le Comte de Falckenstein prit sa place dans une lanterne, d'où il eut le plaisir d'entendre M. Séguier. Ce Magistrat, dont l'éloquence ne le cède pas à son esprit & à la facilité à s'énoncer, en faisant mention du Roi d'Espagne, prit occasion de parler d'un Prince sur lequel toute la France avoit dans ce moment les yeux fixés, d'un Prince voyageur, & qui se dépouilloit de toutes les marques de grandeur, qu'il trahissoit cependant par l'éclat de toutes ses actions, pour mieux voir par lui-même, étudier les mœurs des Peuples, & ne rien laisser échapper à sa noble curiosité. M. le Comte de Falckenstein entendit ensuite prononcer le Jugement, par lequel la Sentence, dont le Marquis de Saint-Simon étoit Appellant, fut confirmée avec dépens.

La solemnité & la forme avec laquelle se rendent en France les Oracles de la Justice, ont toujours attiré au Palais les Etrangers & même les plus grands Monarques. Alphonse V,

Roi de Portugal en 1476 : dans la minorité du dernier règne, le Czar-Pierre Premier, Prince porté naturellement vers tout ce qui avoit un caractere de grandeur, assisterent pendant leur séjour à Paris à l'Audience du Parlement, & prirent intérêt à cette auguste Cérémonie. De nos jours, Christian d'Oldembourg VII, Roi de Dannemarck & de Norwége, Duc de Holsteim-Gottorp, entendit plaider à la rentrée du Parlement, le 26 Novembre 1768, une Cause dont les défenseurs étoient deux grands Avocats, Mes le Gouvé & Gerbier. Ce dernier, qui peut être appellé le Cicéron de notre siècle, déploya devant le Souverain dont il fit l'éloge, toute la supériorité de ses talens. Ce Prince fut ravi de l'entendre, & voulut bien lui-même lui en témoigner sa satisfaction, de la maniere la plus flatteuse pour cet Orateur. M. Séguier aussi ne démentit pas sa célébrité, & ne se distingua pas moins dans cette journée, qui fait époque dans le Barreau, ainsi que toutes celles où des Souverains ont bien voulu être spectateurs des combats qui se livrent dans cette brillante Arène.

Après s'être instruit de notre Législation, & vu la maniere dont se rend la Justice en France, M. le Comte de Falckenstein porta son attention sur un autre objet non moins intéressant, & qui contribue également à affermir un Empire, savoir, l'État Militaire. Il voulut connoître la beauté & le nombre de nos Troupes, l'ordre & la discipline des différens Régimens.

Avant son arrivée dans la Capitale, il en avoit déjà vu manœuvrer plusieurs dans différentes Villes de son passage. Il assista dans la Plaine des Sablons à l'exercice à feu du Régiment des Gardes-Suisses & Grisons, avec toute l'Artillerie, en présence de M.gr le Comte d'Artois leur Colonel-Général. Il vit aussi ce Régiment exécuter plusieurs manœuvres, dont il parut extrêmement satisfait, ainsi que de la beauté de ce Corps qui est composé de quatre Bataillons.

Il visita après le Dépôt des Gardes-Françoises, situé aux Boulevards, près de la Chaussée d'Antin. Ce Dépôt est une École d'instruction pour les Recrues de ce Régiment. Il est commandé par des Officiers distingués autant par leurs talens que par leurs exactitudes. Ceux-ci ont à leur ordre un nombre de Sergens & de Caporaux choisis pour leurs bonnes mœurs & leur activité. On tire les Sergens des Caporaux qui sont suffisamment instruits. Toutes les Recrues du Régiment des Gardes-Françoises, qui se font dans toutes les Provinces du Royaume, se rassemblent à ce Dépôt. Les sujets ne sont admis aux Compagnies, que lorsqu'on est assuré de leur bonne conduite, de leur aptitude au Service & aux Exercices Militaires : de cette attention dépend la Discipline du Corps. Une partie du Dépôt est composée des enfans des Sergens & soldats du Régiment, des Officiers, bas-Officiers & soldats invalides, dont le nombre monte à près de cent. Ces enfans doivent être entrés dans leur douzieme année, & d'une bonne constitution.

L'ordre qui regne dans cette Maison, a beaucoup intéressé M. le Comte de Falckenstein; il en témoigna sa satisfaction à M. le Maréchal de Biron, Colonel du Régiment des Gardes-Françoises, à qui l'on doit un si bel établissement.

Le 6 Mai, M. le Comte de Falckenstein se rendit à trois heures & demie à la Plaine des Sablons avec le Roi, qui passa en revue le meme Régiment & celui des Gardes-Suisses. La Reine & toute la Cour assisterent, suivant l'usage, à cet Exercice, où l'affluence des curieux étoit extrême, à cause de la réunion de tant d'augustes Personnes, quoique la Capitale offrît à la même heure un autre genre de spectacle (*), dont la multitude est toujours avide. M. le Comte de Falckenstein parut à la Plaine des Sablons en habit d'uniforme, ce qui donna au Peuple la facilité de le distinguer & de lui applaudir. Ce concours dut lui faire autant de plaisir que la vue de ces deux beaux Régimens.

Le 16, M. le Comte de Falckenstein assista à un exercice à feu, avec toute l'artillerie du Régiment des Gardes Françoises dans le Champ de Mars. Plusieurs Officiers Généraux y avoient été invités par le Maréchal Duc de Biron, Colonel de ce Régiment. De ce nom-

---

(*) C'étoit le supplice d'Antoine-François Desrues. Ce scélérat, âgé de 32 ans, fut condamné par Arrêt du Parlement, à faire amende-honorable, & après, être rompu vif, & ensuite jetté au feu, pour avoir voulu s'approprier la Terre de Buisson-Soëf, située en Bourgogne, appartenante à M. de Saint-Faust de la Motte, & avoir à cet effet empoisonné le fils & la femme de ce particulier, caché leur mort, & enterré leurs cadavres, en abusant de l'hospitalité qu'il avoit exercée envers cette Dame, venue exprès à Paris pour conclure le marché fait entr'elle & lui, à raison de cette Terre.

bre étoit le Maréchal de Broglio, avec lequel M. le Comte de Falckenstein s'entretint long-tems. Cet Illustre Étranger vit avec satisfaction ce nombreux Régiment, composé de six bataillons, faire diverses manœuvres avec autant d'exactitude que de célérité, conformément à la dernière Ordonnance de 1776, dont il témoigna sa satisfaction à M. le Maréchal de Biron.

Après l'exercice, M. le Comte de Falckenstein se rendit à l'Hôpital militaire des mêmes Gardes Françoises, situé au Gros-Caillou depuis 1765. Il en visita les différentes Salles, & fut charmé de voir chaque malade dans un lit séparé, & soigné avec la plus grande attention & propreté. Il alla voir ensuite la Boulangerie réunie à cet Hôpital où l'on fournit le pain à tous les soldats, ainsi que l'approvisionnement. Il fut conduit dans ces différens endroits par le Maréchal Duc de Biron, à qui l'on doit encore cet établissement

ment fondé en 1759 ; après quoi M. le Comte de Falckenstein entra avec ce Seigneur dans tous les détails concernant l'administration du Corps des Gardes Françoises, à laquelle il donna les plus grands éloges.

Ce sentiment d'humanité qui rendoit intéressant à M. le Comte de Falckenstein tout ce qui tendoit au soulagement des pauvres, sur-tout de ceux qui servent la Patrie, le porta à connoître le sort reservé aux militaires qui ont bien mérité d'elle & de leur Roi. Il existe hors de Paris une retraite destinée à ceux que les blessures ou l'âge mettent dans l'impuissance de prêter leurs bras à la défense de l'un & de l'autre.

Cet établissement est digne de la grandeur de Louis XIV, soit par la beauté de l'édifice, soit par sa fondation. Il prit naissance en 1672, par les soins de M. de Louvois, Ministre de la Guerre, & de M. Colbert, Contrôleur-Général des Finances, & Surintendant des Bâtimens; c'eſt cependant à Sully que l'on en doit le plan. Ce grand Miniſtre, dont l'œuil vigilant ſe portoit ſur tout, voulut aſſurer un aſyle aux Soldats infirmes & eſtropiés. En attendant des circonſtances favorables pour exécuter ce grand projet, il fonda en 1505 un Hôpital pour les Officiers & Soldats eſtropiés, qui ne ſe ſoutint pas long-tems. Les ſecours ne manquèrent cependant pas à ces généreux militaires; le Roi en mettoit quelques-uns dans chaque Abbaye de ſa nomination, où ils étoient nourris & entretenus. C'étoient des Moines Lais, qu'on appelloit Oblats; cet entretien fut converti par la ſuite en penſions, que payoient les Abbayes à des ſujets déſignés, la plupart eſtropiés. Louis XIV, par ſon Edit de 1674, appliqua la penſion à l'Hôtel Royal des Invalides. On établit depuis une caiſſe entretenue des ſommes provenantes de la retenue qui se fait sur la paye de chaque Soldat, & de la contribution annuelle des Officiers, soit de terre, soit de mer.

La fondation de l'Hôtel des Invalides étoit pour vingt mille Invalides, tant Officiers que Soldats. Le plan de construction de cet édifice, ne fut exécuté qu'à demi, de façon qu'on n'y plaça d'abord que dix mille personnes entretenues & logées aux dépens de Sa Majesté. Les circonstances ont fait depuis diminuer ce nombre; en outre il y avoit, comme on le voit encore aujourd'hui dans les Forts & Châteaux de différentes Villes du Royaume, des Compagnies d'Invalides qui jouissent du même traitement. On fournit, dans les différens départemens, à chaque Soldat un habillement complet tous les trois ans. Le Roi veut bien encore accorder à chaque Matelot & Capitaine marins, après un certain tems de service, la demi-paye, qu'on augmente quelquefois, fuivant le mérite & les infirmités du Soldat ; cette demi-folde fe prend fur la caiffe dont je viens de parler. Par une dernière réforme faite à l'Hôtel des Invalides, on n'y compte plus qu'environ 15 à 1600 hommes, les autres ont été renvoyés chez eux, & jouiffent d'une penfion. Rien ne manque à tous ceux qui ont été confervés à l'Hôtel.

M. le Comte de Falckenftein y arriva fans qu'on l'attendit. C'étoit le matin à l'heure à laquelle les Soldats dînoient. Il entra dans leurs réfectoires. Il s'informa de la manière dont ils étoient traités & nourris ; & pour mieux en juger, il s'approcha de l'un deux ; on dit que lui ayant demandé quelle forte de mets il mangeoit, ce Soldat lui répondit brufquement : *ne le voyez-vous pas* ? Mais quelques inftants après, M. le Baron d'Efpagnac, Gouverneur de l'Hôtel, inftruit de fon arrivée, alla au-devant de lui avec quelques Officiers; il lui fit voir les différentes Salles de l'Hôtel, les Cuisines, les Infirmeries, l'Eglise, où l'on admire le superbe Dôme dont j'ai déja parlé.

Il fut attiré une seconde fois à cet Hôtel, pour y voir les plans en relief de Villes de Guerre & des fortifications du Royaume, qu'on y avoit transferés depuis peu de la Galerie du Louvre, où ils étoient conservés. On fut pour cette fois son arrivée; les deux Compagnies de l'Hôtel avoient eu ordre de se tenir prêtes; elles se mirent sous les armes. Le Gouverneur reçut ainsi M. le Comte de Falckestein, & l'accompagna de même que la première fois dans tous les endroits qui avoient échappés alors à sa curiosité.

Le jour de la première visite à l'Hôtel des Invalides, M. le Comte de Falckenstein passa à l'ancien Hôtel de l'Ecole Royale-Militaire, établi pour l'éducation des enfans des pauvres Officiers. Depuis environ deux ans le Gouvernement a changé la forme de cette institution. Les jeunes gens ont été transférés dans divers Colléges de Provinces, où ils reçoivent la même éducation, & pourront acquérir des connoissances dont ils étoient privés. Cette raison d'économie fort importante, a principalement motivé ce changement. Aujourd'hui un Elève ne coûte au Roi que 700 livres, pour son éducation & son entretien.

Le Public, depuis le changement arrivé à cette Ecole, a été long-tems en peine de savoir à quel emploi une si belle maison seroit dorénavant consacrée. Ses inquiétudes doivent cesser aujourd'hui : Sa Majesté, par une Ordonnance du 17 Juillet de cette année, vient de créer l'établissement d'un corps de Cadets Gentilshommes dans l'Hôtel de ladite Ecole. Cette fondation est un supplément au plan de distribution des élèves de cette Ecole, dans les Colléges des Provinces. Le

Roi appellera à l'Hôtel l'élite des Elèves de ces Colléges. Il accordera en outre à des sujets choisis parmi la jeune noblesse élevée aux frais des familles, l'entrée audit Corps des Cadets, moyennant une pension réglée pour toute dépense, sans aucune autre différence entr'eux & les Elèves de ladite Ecole. Le but de Sa Majesté en étendant ainsi les avantages de la fondation de l'Ecole Royale-Militaire, & multipliant ceux d'une seconde éducation en faveur de la jeune Noblesse qui se destine aux armes, est aussi d'établir le principe d'une solide émulation entre les uns & les autres, en faisant dépendre leurs distinctions & leur avancement de leur mérite personnel, & d'y former ainsi une espèce de concours perpétuel, ouvert à toute la Noblesse, sous les yeux du Souverain.

Cette Ordonnance contient quatorze articles. Ce qu'on y remarque principalement, c'est que les Elèves qui seront entretenus dans l'Hôtel aux frais des familles, ne pourront, fous aucun prétexte, recevoir d'argent de leurs parens. La pension sera de 2000 liv., & payable par quartier. En outre, ils donneront 400 liv. à leur entrée pour le premier équipement : il n'y aura que le Chef du Cours d'instruction, les Directeurs des études, l'Econome & les Professeurs attachés à l'établissement, qui seront logés & nourris avec les Elèves & Cadets; les autres Maîtres n'habiteront point à l'Hôtel.

Pour mettre en activité au 1er Octobre 1777 cet établissement, confirmé par une autre Ordonnance du 18 de ce même mois, Sa Majesté a nommé aux places desdits Cadets, dont le nombre est fixé par cette Ordonnance à cinquante, dans le courant du mois d'Août de la même année. Ils doivent avoir quinze ans accomplis, & ont été choisis parmi les jeunes Gentilhommes élevés aux frais de l'Ecole Royale-Militaire dans les Provinces.

Cette Maison est d'une belle Architecture; on y admire sur-tout une grande propreté qui tient beaucoup du luxe, & ne sied pas à un établissement Militaire, où tout devroit respirer la simplicité. Les dépenses pour l'entretien de cette magnificence n'ont pas peu contribué à une réforme, dont l'État se trouvera mieux. Louis XV avoit posé la première pierre de cet Edifice en 1769: dans l'intérieur, il y a une Place, autour de laquelle règne une Galerie ornée de belles colonnes & des grilles, & où l'on voit la Statue pédestre & en marbre de ce Monarque, qui distribue des Croix aux Elèves; elle est de François le Moine.

Le 8 Mai, M. le Comte de Falckenstein visita l'Imprimerie Royale, établie par le Cardinal de Richelieu. Quoique ce fut le jour de la Fête de l'Ascension, les Employés à l'Imprimerie eurent ordre de s'y trouver, & montrèrent à M. le

Comte de Falckenstein la manière dont on imprime un ouvrage; il fut surpris de les voir travailler un jour de Fête, mais on lui dit que c'étoit en son honneur. Après avoir vu les caractères qui servent à l'impression, dont tout le monde connoît la beauté, il se retira.

M. le Comte de Falckenstein se rendit aussi à l'Arsenal, où il n'étoit pas attendu: il entra d'abord dans la maison d'un Peintre où rien ne parut l'intéresser. Il visita les différens magasins de cet établissement; on fit devant lui une éprouvette de la poudre, pour lui en faire connoître les degrés de force; il en vit avec plaisir les effets.

L'Hôtel des Monnoies mérita aussi de fixer sa curiosité. Cet Edifice nouvellement construit est un des plus beaux de Paris. L'intérieur répond à l'extérieur. M. le Comte de Falckenstein en visita toutes les Salles, ainsi que celle où l'on voit le Tribunal de la Cour supérieure des Monnoies: il entra aussi dans tous les Atteliers, & vit fabriquer différentes pièces de Monnoies.

Parmi tant de curiosités que renferme la Capitale, dont le nombre est aussi multiplié que leur diversité, il en est d'un genre distingué & d'un prix supérieur ; ce sont les Savants, les Hommes de lettres, & d'autres qui consacrent leurs veilles & leurs travaux à l'utilité de la Patrie. On ne doit pas être étonné que M. le Comte de Falckenstein, ait témoigné beaucoup d'empressement à les connoître, qu'il ait même été à leur Ecole pour y entendre des leçons intéressantes à l'humanité.

Il en est plusieurs de ceux-là dont les lumières nous éclairent, & cependant qui ne sont Membres d'aucune Académie, & n'ont aucune prétention à le devenir. Parmi eux on en connoît un sur-tout, qui, sans se montrer bel-esprit, se livre sans réserve au bien, c'est M. l'Abbé Lespée ; aussi M. le Comte de Falckenstein l'a-t-il sçu distinguer, & ce digne Citoyen a-t-il été un des premiers honoré de la visite de l'Illustre Voyageur.

M. l'Abbé Lespée depuis quelques années sacrifie son tems & sa fortune à l'Institution des Sourds & des Muets, dont il est devenu le père. C'est un vrai philosophe, plus curieux de se rendre utile, que d'acquérir de la gloire; & il y paroît, puisque c'est enfin le cri de la reconnoissance qui lui a justement acquis la réputation dont il jouit aujourd'hui. Mais qu'elle a tardé à se faire entendre, & quelle perte pour l'humanité, que la marche de la renommée, qui publie souvent les choses quelle devroit tenir cachées, soit si lente, quand il s'agit d'annoncer les talens & la vertu! Ce n'est que depuis deux ans que Paris se félicite de compter dans son sein une merveille de plus. Les personnes de tout sexe, de toute condition, nos Philosophes même, tels que MM. Diderot & Rouffeaü, tous en un mot ont voulu le connoître. M. le Comte de Falckenftein a honoré de fa préfence un des exercices particuliers de l'Abbé Lefpée : il vit avec furprife plufieurs Sourds & Muets entendre & répondre, foit par écrit, foit par figne, à tout ce qu'on leur demandoit ; il approfondit avec la plus grande attention la méthode de l'Abbé, qu'il trouva auffi fûre qu'ingénieufe ; rien ne lui a échappé de ce qu'elle renferme de curieux dans la Théorie & dans la Pratique. Le plaifir, en un mot qu'il a pris, à ce Spectacle, prouve que c'eft un de ceux qui a le plus excité fon admiration ; fon humanité le lui rendit intéreffant; il en témoigna fa fatisfaction à cet Abbé, dont il lui donna les plus éclatantes marques, en lui envoyant le lendemain de fa vifite une tabatière d'or émaillée, & une Médaille d'or du poids de 220 liv., repréfentant d'un côté le portrait de Jofeph II, Empereur; préfent offert par la reconnoissance envers un si grand bienfaiteur, & que celui-ci, aux yeux duquel un pareil présent étoit sans prix, reçut par respect & admiration pour un Seigneur si recommandable, de la part de qui il venoit. Le Comte de Falckenstein fit remettre aussi à la Gouvernante des enfants, la plûpart peu accommodés de la fortune, une bourse pleine d'or pour satisfaire leurs pressants besoins.

Mais quelle est cette méthode dont se sert l'Abbé pour faire entendre & expliquer ses Elèves ? Comment peut s'opérer ce prodige ? Le procédé de l'Instituteur pour former ses Elèves est d'une simplicité qui étonne ; il parvient à leur tout faire comprendre, les noms, les pronoms, les verbes, les singuliers & pluriels. Les yeux des Elèves, dans lesquels paroît se porter toute l'activité des sens qui leur manquent, sont fixés sur l'Instituteur. Aucun de ses gestes ne leur échappe ; tout est saisi dans son attitude, ses regards, le mouvement de ses lèvres ; en un instant, & à l'aide de quelque petits gestes faits avec rapidité, la question est écrite, ainsi que la réponse la plus satisfaisante. Comment enfin parvient-il à faire entendre à des Sourds & Muets les choses les plus difficiles, & expliquer les mystères de notre Religion ? Par deux voies : la première, c'est celle des signes, la seconde celle de l'analyse ; tout mot qui porte avec soi une idée physique, comme *boire, écrire, dormir*, &c., il le fait entendre par un signe indicatif de la chose ; tout mot, au contraire, portant une idée métaphysique, il l'explique par l'analyse ; par exemple, ceux-ci *je crois, j'estime, j'aime*, &c. Les Elèves sont aussi peu embarrassés pour les mots qui ont diverses acceptions, & qui ont entr'eux beaucoup d'analogie ; ceux-ci se distinguent par des signes plus expressifs & plus prompts ; ainsi *l'amitié* est différentiée de l'*amour*, parce que celui-ci se manifeste avec plus d'ardeur que l'autre. Le fyftême de M. l'Abbé a pour bafe la nature : l'efprit auffi a plus de part aux opérations des Sourds & des Muets que leurs fens ; ainfi par un gefte ils apprennent à diftinguer le tems paffé, le préfent, le futur; d'après cette connoiffance on n'eft plus furpris de les voir conjuguer. Les idées de fubftantifs, d'adjectifs, de verbe, de pronoms, d'adverbe, &c., leur font auffi familières qu'à nous ; peut-être en connoiffent-ils mieux la valeur & favent-ils mieux s'en fervir ? On a remarqué que leur manière de s'énoncer étoit plus conforme à leur raifonnement. Qu'ils n'expriment que ce qu'ils ont bien conçu, font meilleurs logiciens que nous ; nos paroles fouvent contrarient notre penfée & nos actions.

Il feroit difficile d'exprimer combien l'efprit d'un Sourd & Muet doit être en jeu : on peut bien dire que c'eft lui qui agit prefque feul dans eux ; c'eft par les idées les plus ingénieufes, & par le moyen de toute forte de figures, que M. l'Abbé Lefpée eft parvenu à fe faire entendre d'un Sourd & d'un Muet, & à en tirer la réponfe qu'il défire, tellement qu'il n'y a rien pour celui-ci de difficile ; & que, foit qu'un Muet dicte à un autre Sourd & Muet, foit que vous lui parliez en quelque langue que ce foit, qu'on lui a appris, il écrira ou répondra avec autant de célérité & de précifion que quiconque eft doué des deux fens dont il eft vé.

L'Abbé Lefpée a pouffé plus loin fes études & fes obfervations. Il fe flatte de procurer à un Aveugle fourd & muet le même avantage qu'à ceux qui ne font pas privés de la vue. Le tact fera chez cet Aveugle l'effet des trois fens qui lui manquent ; & par le moyen d'un alphabet compofé de lettres de fer, il lui apprendra à entendre & à s'énoncer. Cette découverte, fi elle lui réuffit, tiendroit plus que du prodige : car le fens qui aide le plus les Sourds

& Muets, manque à cet Aveugle; alors cet infortuné, qui ne regrette cependant pas ce qu'il n'a jamais connu, recevroit un préfent plus cher que fon exiftence : il jouiroit d'une feconde vie. L'Univers devroit aufli rendre les plus grands hommages au fecond créateur qui la lui donneroit.

L'Abbé Lefpée a réduit fon Art en principes certains, établis fur la faine Logique. On les trouve développés dans un Livre de fa compofition, qui a pour titre : *Inftitutions des Sourds & des Muets, par la voie des fignes méthodiques*, qui fe vend chez Nyon, Libraire, rue S. Jean-de-Beauvais. Peu femblable aux gens qui veulent le bien exclufivement, il n'a jamais caché à perfonne fa Méthode. Auffi voit-on déjà des nouveaux Inftituteurs, qui fe font formés à fon école. Il y a deux Chanoines de l'Eglife du Mans, qui s'occupent du même objet. L'Angleterre, l'Irlande & bientôt l'Allemagne, d'où M. le Comte de Falckenftein fe propose d'envoyer un Élève, jouissent du même avantage de la France. Il y a bientôt lieu d'espérer que toutes ces machines, si l'on peut parler ainsi des Sourds & Muets, par la patience & l'application des Instituteurs, paroîtront organisées comme les autres hommes.

Ce n'est pas que l'Abbé Lespée soit parvenu lui seul par sa méthode à corriger ainsi la Nature, & à remplacer par une nouvelle faculté celles qui manquent aux Sourds & Muets. Il y a quelques années qu'un Juif de cette Capitale avoit trouvé le même secret ; mais outre que sa méthode étoit moins ingénieuse & moins simple, son but n'étoit pas seulement l'intérêt public. Celui de l'Abbé est le seul bien de l'humanité : jamais il n'a rien reçu de personne ; soit à titre de présens, soit à titre de charité, pour le soulagement de ses pauvres Élèves, de peur, sans doute, de faire naître à son égard le moindre soupçon d'intérêt. On l'a vu refuser constamment l'offre généreuse d'un Prélat (*) aussi distingué par sa naissance & son mérite que par l'éclat de ses dignités. Ce ne fut que par une espèce de ruse que M. le Comte de Falckenstein fit remettre par un Seigneur de sa suite à ces Élèves, une somme considérable entre les mains de leur Maitresse, à l'insçu de l'Abbé.

Quoique ce digne Abbé ait trouvé des imitateurs de son talent, tout ami de l'humanité doit former le desir que la santé de l'Instituteur lui promette encore des longues années, pendant lesquelles il portera son Art à la plus grande perfection. Il a aujourd'hui environ quarante Élèves, soit enfans, soit jeunes gens de l'un & de l'autre sexe. Leur éducation, qui seroit pour tout autre une charge, est pour lui une douce occupation. Aussi tous le bénissent,

_____

(*) M. de la Rochefoucault, Archevêque de Rouen.

comme leur bienfaiteur & leur pere. J. J. Rousseau ne doute pas lui-même que ces Élèves ne soient en état de communiquer leurs idées, de toute autre manière que par la parole. Plus de quarante Évêques ont été témoins de leurs opérations.

On a consacré à la postérité la mémoire de cet exercice particulier, auquel a assisté M. le Comte de Falckenstein, & de ses bienfaits envers les Élèves de l'Abbé Lespée, par des Vers qu'on peut voir à la suite de la description d'un Tableau fait à la gloire du Roi & de M. le Comte de Falckenstein sur son voyage en France; cette description se trouve chez l'Auteur, rue Saint-Honoré, près de la rue de la Sourdiere.

M. Comus a été un de ceux dont M. le Comte de Falckenstein a desiré connoître le talent & le savoir. Ce Physicien célèbre, connu par ses récréations Physiques & Mathématiques, & qui a eû le don de métamorphoser les matières les plus sérieuses de la Physique en amusemens, pour les mettre à portée de toutes personnes, même des Dames, & de celles les moins susceptibles d'application, s'est attiré l'estime du Public, qui depuis vingt-deux années jouit du fruit de ses veilles.

C'est cette réputation bien méritée qui attira M. le Comte de Falckenstein deux fois chez lui; la première fut le 16 Mai, M. le Comte étoit accompagné de Seigneurs de sa suite; tous ne s'attendoient qu'à se récréer. Mais le sieur Comus oubliant la grandeur de son Spectateur, & ne voyant en lui que l'homme savant, & qui cherche à étendre ses connoissances, rassembla toutes ses lumières & ses facultés, & prononça un discours qui dura trois heures, sur les parties les plus intéressantes de la Physique. Les expériences nouvelles qu'il fit, & dont le détail est ci-après, laissèrent M. le

Comte de Falckenstein dans un étonnement, qu'il témoigna à ce Savant en lui disant qu'il avoit eu l'avantage de s'instruire, lorsqu'il ne comptoit que s'amuser.

Dans cette séance M. Comus eut l'honneur de lui expliquer les phénomènes électriques, suivant sa théorie, & de prouver que toutes les fois qu'on pouvoit écarter l'air grossier d'un corps qui renfermoit le fluide igné pur, & qu'on actilisoit ce fluide, on l'avoit dans l'état électrique.

Premiere Expérience.

En faisant souffler un verre à patte pendant quelques minutes, ce verre a donné des signes très-distincts d'électricité : un autre verre est devenu de même électrique, en versant du mercure dedans, ainsi qu'un plateau de verre d'un pied de diamètre, qui baignoit dans une auge de bois remplie de mercure, & n'avoit d'autres frottoirs, que ce fluide métallique qui par son extrême divisibilité, & sa pésanteur, touche les surfaces du plateau, en plus de points qu'aucune autre substance qu'on employeroit.

Deuxieme Expérience.

On s'est trompé en disant que le verre n'étoit point électrique par communication, & qu'au contraire il l'étoit beaucoup plus que tout autre corps. M. Comus a pris pour cet effet un tube de verre, l'a mis dans l'Atmosphère électrique, après il a soulevé une carte ; ce qu'un plateau de 36 pouces de diamètre ne peut faire par le frottement. Un morceau de verre quelconque, tel qu'un flacon & un verre à montre, ont produit le même effet.

Troisieme Expérience.

M. Comus a prouvé que la propriété du fluide igné dans l'état électrique, d'attirer les corps légers, n'étoit

qu'une

qu'une attraction apparente ; que les mouvemens de ces petits corps n'étoient dus qu'à la preſſion de l'air groſſier, qui formoit une envelope ou tourbillon autour du corps électriſé ; que ce fluide tendoit par ſon élaſticité, à occuper l'eſpace d'où le fluide igné l'avoit écarté, & dans cette tendance il ramenoit tous les petits corps légers vers le corps électrique.

Quatrieme Expérience.

Tous les corps qui contiennent du fluide igné pur, peuvent recevoir la vibration électrique par communication, ainſi que le verre ; & pour le prouver M. Comus s'eſt ſervi de pluſieurs pierres tranſparentes, cryſtalliſations naturelles, marbres, &c. &c. &c.

Cinquieme Expérience.

M. Comus a démontré que les ſubſtances ligneuſes des trois Règnes avoient la même propriété, de donner des signes électriques par frottement & communication, mais davantage par communication ; dans le Règne Animal, il n'y avoit que les nerfs & les parties lymphatiques du sang ; dans le Règne Végétal, la moële & les parties ligneuses des plantes ; dans le Règne Minéral, l'amiante, l'arbeste & les chaux métalliques : il a fait voir qu'on avoit rangé plusieurs corps dans la classe des substances électriques, qui ne l'étoient pas, principalement les silex, qui ne peuvent être électriques par frottement ni communication.

Sixieme Expérience.

Une grande quantité de fluide igné en mouvement, débarrassée de l'air grossier, accumulée dans des vases de verre, étant forcée de passer à travers différents corps, les détruit. M. Comus a soumis pour cet effet une feuille d'or, qui a été réduite en une couleur pourpre; il a montré des cartes des autres métaux & minéraux détruits par ce moyen, ainsi que la couleur que donne leur chaux portée sur la porcelaine.

Septieme Expérience.

L'électricité agit sur le baromètre, le fait monter d'une division & quelquefois de plusieurs. Pour rendre cette expérience plus sensible, on s'est servi d'un baromètre de la construction du Chevalier Morland. Après l'avoir électrisé il a remonté d'une ligne, qui, dans ce baromètre, est égale à un pouce. Pour prouver que ce n'étoit pas une pression de l'atmosphère électrique sur la cuvette, & que c'étoit une dilatation dans le mercure, M. Comus a eu recours à un baromètre de son invention, où l'on voit aisément, après l'opération, une dilatation aux deux extrémités.

Huitieme Expérience.

Une aiguille posée librement sur ses tourillons, comme une aiguille d'inclinaison, étant électrisée, paroît marquer la latitude de l'endroit où elle est.

Neuvieme Expérience.

M. Comus a fait voir une aiguille aimantée d'inclinaison de 11 pouces, d'une si grande justesse, qu'elle a donné la même inclinaison en changeant ses axes d'aspect; ensuite il a changé les pôles de cette aiguille, & elle a donné constamment la même inclinaison. Il a prouvé que lorsqu'une aiguille, soumise à cet examen, donne la même inclinaison, on étoit certain qu'elle étoit la vraie du lieu où l'expérience étoit faite, & qu'il n'y avoit que cette seule méthode pour s'assurer de la bonté de l'instrument. Cette pièce a été vue en 1773, par S. A. S. le Duc de Chartres, & autres Seigneurs.

Il a fait plusieurs autres expériences sur le magnétisme, qu'il a expliquées par sa théorie.

M. le Comte de Falckenstein assista le 25 Mai une seconde fois aux Expériences du sieur Comus, ainsi que plusieurs Seigneurs de sa suite. Divers Savans, que je dois nommer pour la gloire de M. Comus, furent aussi du nombre des Spectateurs, MM. Rouelle, Démonstrateur de Chymie au Jardin Royal des Plantes, Darcet, Docteur-Régent de la Faculté de Médecine de Paris, & Professeur de Chymie au Collége Royal, & l'Abbé Felix Fontana, Directeur du Cabinet Royal d'Histoire Naturelle à Florence.

Première Expérience.

M. Comus, pour démontrer clairement sa théorie sur l'électricité, où il prétend que ce n'est que l'air grossier qui produit presque tous les phénomènes du premier conducteur, a pour cet effet, mis sous le récipient d'une machine pneumatique une petite figure. Il a électrisé l'appareil, la petite figure a dansé ; mais après avoir fait le vuide, l'expérience n'a pas eu lieu. Il a posé le carillon en place de la figure, l'effet a été le même. Ce qu'il y a de singulier dans cette expérience, c'est la lumière qui passe d'un timbre à l'autre. Dans le plein, elle est d'une grande blancheur ; & à mesure que l'on fait le vuide, cette blancheur disparoît, & se change en une couleur cerise. Il a fait plusieurs autres expériences dans le vuide.

Deuxieme Expérience.

Il a fait voir que l'atmosphère d'un conducteur électrisé, agit sur les fluides. Il a pour ce, posé un pese-liqueur dans l'eau ; il a isolé & électrisé le tout : le pese-liqueur a remonté de plusieurs divisions, & est descendu de la même quantité, après avoir tiré l'étriscelle du conducteur.

TROISIEME EXPÉRIENCE.

M Comus a fait voir que la commotion d'une bouteille de Leyde n'étoit due qu'aux surfaces métalliques, ou à l'eau ou autre fluide en contact avec le verre, que ces garnitures ne servoient qu'à arrêter subitement & en totalité le mouvement qui lui étoit communiqué, & que si ces surfaces ne contenoient du phlogistique, on ne pouvoit recevoir la commotion; ce qu'il a prouvé en mettant dans des bouteilles garnies de métal extérieurement, 1°. de l'éther, qui après avoir été électrisé n'a donné aucune commotion. 2°. De l'esprit-de-vin rectifié, dont on n'a tiré qu'une foible étincelle. 3°. De l'esprit-de-vin commun, dont la commotion s'est faite sentir aux deux poignets. Mais au contraire, les acides minéraux, en raison de leur denfité, ont donné des commotions plus ou moins vives, enforte que l'acide vitriolique concentré, eft celui qui donne la plus vigoureufe commotion. Il a prouvé que ces Expériences neuves étoient du plus grand intérêt pour la Chymie & la Phyfique.

Quatrieme Expérience.

A l'aide d'une forte batterie, il a revivifié des chaux métalliques, & a démontré que cette revification n'étoit due qu'au phlogiftique, qui s'échappoit des deux pointes métalliques, qu'on employoit dans cette Expérience, & non à l'électricité, qui, dans cette Expérience, n'étoit que l'agent.

Cinquieme Expérience.

Il a fait plufieurs Expériences avec la petréleêtre ou tourmaline.

Sixieme Expérience.

Il a fait voir qu'en touchant une senfitive avec un morceau de métal poli, les feuilles se ferment; ce qui n'arrive pas en la touchant avec un morceau de verre de même forme. Si au contraire on électrise le morceau de verre, par frottement ou communication, & qu'on touche la plante, les feuilles se ferment. 2°. En approchant l'atmosphère d'une bouteille de Leyde électrisée à un demi pouce d'une branche, l'effet est le même. 3°. Si on donne la commotion de l'extrémité d'une branche à la racine de la plante, toutes les feuilles quittent la direction horisontale qu'elles avoient, pour prendre la perpendiculaire aussi brusquement, que si on lâchoit un ressort qui tînt toutes les branches ensemble.

Septieme Expérience.

Il a fini cette Séance, qui dura plus de trois heures, par un système nouveau auſſi ſimple qu'intéreſſant, ſur les couleurs paſſagères & permanentes, de même que ſur la réfraction de la lumière, & prouva ſon ſyſtème par pluſieurs Expériences nouvelles.

M. Comus termina ces deux ſéances par ſes Récréations phyſiques, & mathématiques les plus curieuſes, dont M. le Comte de Falckenſtein fut également ſatisfait; ce qu'il témoigna au Phyſicien de la manière la plus flatteuſe comme la plus généreuſe.

M. Comus a répété depuis ces Expériences intéreſſantes, devant des perſonnes les plus verſées dans cette matière, & plus curieuſes de s'inſtruire que de s'amuſer. Les Seigneurs, les ſimples particuliers viennent chaque jour chez lui rendre hommage à ſes talens & à la ſupériorité de ſes connoiſſances, juſtifiée par le ſuffrage du Public. La Reine vient de lui demander un Cours de ſes amuſemens & récréations de Phyſique, auquel il travaille. Tout démontre aujourd'hui son savoir; les preuves sont abondantes & authentiques, & les témoins nullement suspects.

M. le Comte de Falckenstein se rendit aussi aussi chez M. de Vaucauson, de l'Académie des Sciences. Cet Académicien célèbre par un grand nombre de Chef-d'œuvres de Méchanisme, que le Public a admirés, est encore l'inventeur de différens Moulins à soye, pour perfectionner les Fabriques d'Organcins, que le Gouvernement l'a chargé de construire. Il en a fait l'essai pendant plus de 20 années, dans les Manufactures d'Aubenas en Dauphiné, & aujourd'hui il est parvenu, à la faveur d'une si longue épreuve, à leur donner le dernier dégré de perfection, dont ils sont susceptibles. Sa nouvelle invention réunit tous les avantages possibles pour préparer les soyes avec plus de facilité, & remédier à tous les inconvéniens inséparables des autres

Moulins : auffi M. le Comte de Falckenftein a-t-il examiné avec attention les moyens que l'Auteur a trouvés, de donner aux Organcins, plus de régularité, & plus de fûreté dans les préparations, dont cette qualité de foye a befoin, pour pouvoir être employée comme chaîne, dans la confection des étoffes de foye, afin d'en rendre le tiffu plus uni, plus folide & plus brillant.

M. le Comte de Falckenftein a vu avec beaucoup de plaifir les divers inftrumens, que M. de Vaucanfon a imaginés pour exécuter chaque pièce de fes Moulins avec la plus grande célérité, & dans une parfaite égalité entr'elles; il parcourut les différens Atteliers où il examina les pièces qui entrent dans la conftruction de ces Moulins; il voulut être témoin de plufieurs opérations des Ouvriers : la Machine à faire la haîne qui donne le mouvement à tous les fufeaux du Moulin, a le plus attiré ses regards ; c'est par les différens mouvemens de cette Machine que la chaîne l'exécute : elle coupe chaque maillon de fil-de-fer, elle les entrelasse l'un dans l'autre ; elle plie & resserre les chaînons ; il semble que ce soient plusieurs mains qui agissent d'intelligence, pour faire un ouvrage dont celles du plus habile ouvrier ne pourroient jamais seules être capables. On peut dire que rien n'est plus ingénieux que cette machine, l'esprit le plus subtil a de la peine à concevoir une si prompte opération : le mouvement de ces nouveaux Moulins est aussi prompt que leur usage est avantageux, parce qu'il épargne un grand nombre de mains.

M. le Comte de Falckenstein vit encore chez M. de Vaucanson un métier, dont ce Savant est pareillement l'inventeur, par lequel, à l'aide d'un seul âne, on peut fabriquer dans un court espace de tems, plusieurs aunes d'étoffes. Cet Académicien est logé rue de Charonne, Fauxbourg S. Antoine, dans une vaste Maison, commode pour y placer les matériaux nécessaires à la construction de ces pièces de méchaniques, & les divers Atteliers nécessaires à la fabrication des instrumens & machines, que le besoin lui a fait inventer, & qu'il fait exécuter sous ses yeux.

Après lui avoir donné les éloges les plus flatteurs sur ses importantes découvertes, M. le Comte de Falckenstein s'entretint avec lui sur l'utilité qui en doit résulter, pour la fabrication des étoffes de soye. La curiosité que cet Illustre Voyageur montroit à connoître ce qui pouvoit concerner cet objet, ne venoit pas seulement de ce desir d'enrichir son esprit de belles connoissances, mais peut-être étoit-elle relative au projet que l'on a actuellement à Vienne, d'encourager la culture de la soie. Si cela est, quelle gloire pour la France de communiquer ainsi aux Nations étrangères fes tréfors ! quel honneur pour l'Auteur, d'une découverte qui tend à enrichir fon propre pays, & à porter par-tout la grandeur du nom François !

M. le Comte de Falckenftein vifita auffi, le 11 Mai, le Cabinet de M. Loriol, Méchanicien & Penfionnaire du Roi, connu par fes différentes découvertes, telles que, 1°. celles de la fabrication d'un fer blanc auffi beau, & auffi parfait, pour ne pas dire meilleur, que celui qu'on tire de l'étranger ; découverte conftatée par les expériences qui en ont été faites en 1742, & le certificat des Juges municipaux de la Ville de Pontarlier en Franche-Comté. 2°. Celle de fixer les Tableaux en Paftel. 3°. Celle d'un mortier ou ciment Romain, dont les effais ont été faits à Verfailles, au Petit Trianon, à Vincennes, à Menars chez M. de Marigny, & dans une infinité d'autres endroits, qu'il feroit trop long de détailler, dont la solidité est aussi démontrée que l'utilité.

Ce Méchanicien eut l'honneur de faire voir à M. le Comte de Falckenstein différentes pièces de Méchanique de son invention, qui se trouvent dans son Cabinet, situé à la Galerie du Louvre : ce Cabinet renferme les objets les plus curieux, comme les plus utiles. Parmi plus de 60 Modèles de différens genres, que M. le Comte de Faclckenstein examina avec la plus grande attention, dont le détail me meneroit trop loin, il faut distinguer, 1º. comme le plus considérable, une table sur laquelle on voit réunis deux modèles de table volantes, dont l'une est pour 16 couverts, & l'autre pour 8 ; ces deux modèles ont été faits par ordre du feu Roi, & devoient être exécutés au Petit-Trianon. Le sieur Loriol eut l'honneur de les présenter à Choisy au feu Roi, ainsi qu'à toute la Famille Royale. Jamais rien n'a tant attiré l'attention de

Louis XV, que ces deux modèles, dont il témoigna à l'Auteur sa plus grande satisfaction, en présence de toute sa Cour. L'éloge de Sa Majesté lui avoit assuré d'avance l'approbation de toutes les personnes de toutes conditions : éloge qu'on ne peut refuser au sieur Loriol, après avoir vu ce chef-d'œuvre. Le Roi de Suède (*), pendant son séjour dans cette Capitale, l'a trouvé un objet digne de son admiration. Rien n'est cependant si simple que ces deux modèles de table, dont l'invention est supérieure à tout ce qu'on peut avoir vu dans ce genre ; celle de Choisy ne doit pas lui être comparée.

Voici une description de ces deux modèles plus exacte, que celle qu'on peut avoir lue dans les anciennes Gazettes.

Quoique le Méchanisme soit le même pour le fond dans les deux modèles,

___

(*). Gustave III d'Holstein-Eutin.

es effets en font cependant très-différens, en ce que la première élève son dormant avec ceux des quatre servantes, par deux léviers, qui font mouvoir une espèce de visse en canelure, qui fait écrou sur ledit dormant, & remplace au même instant le vuide du parquet, que l'espace du contour de la table qui porte les couverts laissoit.

Il restoit à désirer que dans le tems du changement de chaque service, l'on n'eut pas le désagrément de voir le vuide que laisse la table, ni d'être vu par les Officiers qui font le service; c'est ce que le sieur Loriol a imaginé & exécuté de la manière la plus surprenante, & la plus agréable dans le second modèle. Le parquet du milieu de la Salle, formé en rose, & qui sert de table pour le premier service, s'élève avec le dormant, & ceux des quatre servantes dans le premier modèle ; de manière que ce service doit paroître avant l'arrivée des conviés, au lieu que dans le second modèle, ces mêmes conviés qui n'apperçoivent aucun préparatif dans cette Salle, sont fort surpris de voir qu'à l'instant d'un signal, les feuilles de la rose du parquet, qu'ils viennent de fouler aux pieds, s'ouvrent, & rentrent sous le parquet, en même tems qu'une toile se présente pour ramasser la poussière qui pourroit s'en détacher, & laisse appercevoir, en se retirant, la table toute servie, & qui avoit commencé à s'élever à mesure que les feuilles de la rose se réplioient sous le plancher.

Cette table continue à s'élever avec les quatre servantes, dont les ouvertures se sont faites dans le même tems que celle de la rose, jusqu'au point où elle reste ; mais ce qu'il y a de plus étonnant, c'est qu'au moment où le milieu de la table redescend à une certaine profondeur, pour aller prendre un second service, une rose en feuilles de cuivre, menagée dans l'épaiſſeur du dormant qui porte les couverts, étend ſes feuilles depuis la circonférence juſqu'au centre du vuide que la table a laiſſée, le ferme exactement & ſubitement, & ſe rouvre enſuite avec la même promptitude, & préciſion, auſſi-tôt que le haut du ſur-tout eſt prêt à ſe toucher, en remontant avec le ſecond ſervice; & enfin ce qui achève de ſurprendre, c'eſt que cette roſe s'ouvre par ſon centre, en commençant par un petit trou imperceptible, & parfaitement rond, qui s'élargit dans tout ſon diamètre, à meſure que la table paroît, poſitivement de même que la prunelle de l'œil, & avec une telle préciſion, que la diſparition de la roſe, & l'apparition de la table, ou la diſparition de l'une & de l'autre, s'exécutent avec la promptitude d'un éclair; ce qui produit l'effet le plus agréable. Toutes ces opérations ſe font avec toute la ſolidité poſſible, & ſans qu'aucunes ouvertures paroiffent après que tout eft fermé, de forte qu'il faut les avoir vues, pour s'imaginer qu'il y en a eu.

Tous ces mouvemens s'exécutent avec une fimple manivelle, dont l'arbre porte un pignon à lanterne, qui engrène les dents d'une roue de champ; & ce qui eft inconcevable c'eft que tous les effets dont on vient de parler, s'opèrent fucceffivement, & d'une manière très prompte, foit que l'on tourne la manivelle à droite ou à gauche, tant pour élever, qu'ouvrir & defcendre.

On ne doit pas être furpris qu'une pareille pièce ait long-tems arrêté M. le Comte de Falckenftein, qu'il foit venu plufieurs fois à la charge pour en étudier le méchanifme. Quoique les Allemands paffent pour inventifs, & fort adroits pour les ouvrages de la main, je n'imagine pas qu'ils aient jamais produit rien de femblable à ce chef-d'œuvre.

2° Après ces deux modèles M.

le Comte de Falckenſtein, à vu celui d'une machine, hydraulique auſſi curieuſe que ſurprenante, & qui a paru auſſi beaucoup l'intéreſſer. Cette machine, exécutée au Château de Menars, chez le Marquis de Marigny, élève cent cinquante muids d'eau à la hauteur de quatre vingt-dix pieds, dans vingt-quatre heures, avec le produit d'une ſource qui eſt ſi petite, qu'on l'avoit regardée comme inutile juſqu'alors : le jeu de cette machine ſe réaliſe par des faits ſi inattendus & ſi nouveaux, qu'ils ſemblent inviter les ſpectateurs à attendre de minute en minute pour le voir renouveller, avec autant de ſatisfaction que d'étonnement.

3°. Le modèle d'une autre Machine hydraulique demandée par M. Trudaine, pour l'extraction & la conduite des eaux néceſſaires à un Château, au moyen de deux puits d'environ deux cent pieds de profondeur chacun. Cette Machine eſt conſtruite de façon, qu'elle peut donner avec deux fceaux autant d'eau que l'on defire, en foulageant, par des proportions très-exactes, la puiffance qui eft employée, foit d'un tiers ou de moitié, foit de deux tiers, ou de trois quarts, même plus, à proportion de la grande profondeur où il faut aller puifer les eaux dans quantité d'occafions, & fur-tout dans les Fortereffes bâties fur des Montagnes, comme à la Citadelle de Befançon, à celle de Bellegarde, dans les Pyrenées, au Fort de Jons, &c.

4°. Le modèle d'une Grue faite par l'ordre de feu M$^{gr.}$ le Dauphin, qui fe trouva témoin, un jour que le fieur Loriol avoit l'honneur d'être avec ce Prince, d'un accident arrivé devant ces fenêtres, par la rupture d'un cable de Grue ordinaire; ce qui donna lieu au fieur Loriol d'imaginer cette Machine, qui, à très-peu de frais, peut garantir la vie des Ouvriers, au moyen d'une efpèce de levier à la Romaine, qui fixe la roue de cette Grue, à l'inftant même que la corde caffe, ou que le poids s'en detache.

5°. Le modèle d'une Machine propre à élever les poids les plus confidérables à plufieurs pieds, au-deffus de la haute mer, qui feroit auffi propre à repêcher les Navires.

6°. Le modèle d'une Machine très-fimple propre à élever plus d'eau à Marly, avec deux efpèces de bateaux ou coffres, qu'avec toutes les roues, équipages, tirans, & reprifes d'eau, qui fe font de diftance en diftance, par le méchanifme actuel.

7°. Le modèle d'une Machine, auffi honorable pour le fieur Loriol qu'avantageufe à l'humanité, que lui a fait inventer le danger auquel font expofés, & dans lequel périffent quantité d'Ouvriers, employés à caffer la glace pendant l'hiver, fur les Rivières navigables; cette Machine approuvée de l'Académie Royale

Royale des Sciences, ainsi que la plûpart de celles dont nous avons parlé, & de celle dont nous parlerons, donne la facilité aux Ouvriers de pouvoir travailler à casser les glaces, sans courir aucun danger, & avec moins de dépense, que par les moyens ordinaires.

8°. Le modèle d'une machine propre à faire marcher les grands soufflets, dont on se sert dans les forges & fourneaux, sans surcharger la puissance, comme il se pratique à la reprise alternative de ces sortes de soufflets, & en évitant de ne pas interrompre d'un instant l'air qui en sort; ce qui ne peut arriver avec les moyens ordinaires, qu'en employant une double puissance.

9°. Le modèle d'une machine destinée à monter & descendre une barrique, d'un ou plusieurs étages, sans être obligé d'en retirer les paquets ou ballots que l'on voudroit faire entrer ou fortir par la porte ou fenêtre d'un magafin. L'on peut voir le jeu & le méchanifme de cette invention, à la Raffinerie des fucres, à l'entrée du Petit-Bercy, où elle a été exécutée en grand.

10°. Le modèle d'une machine qui a été employée à Chartres, pour élever & placer plufieurs figures en marbre, qui pefoient depuis vingt-deux jufqu'à trente mille, par le moyen de quelques hommes feulement, fans courir aucun danger, ni pour les hommes ni pour les ftatues.

11°. Le modèle d'une machine auffi fimple que peu difpendieufe, pour élever autant d'eau à la Samaritaine qu'avec celle qui exifte; & cela, fans être obligé de faire d'autre bâtiffe fur l'eau, qu'un fimple ponton ou radeau.

12°. Le modèle d'une voiture tout-à-fait nouvelle par fon invention & fa commodité; elle peut contenir jufqu'à trente perfonnes, fans être gênées. Sa conſtruction eſt toute différente de celle des voitures ordinaires, & les eſſieux ne peuvent jamais caſſer. L'on peut y monter & en deſcendre ſans aucun danger ; & ſi les chevaux viennent à prenḋre le mord aux dents, l'on peut ſortir de la voiture, à droite & à gauche, ſans la moindre crainte d'être bleſſé.

Tant de belles inventions & découvertes ont mérité au ſieur Loriol différents priviléges de la part du feu Roi, & une gratification d'un contrat de cent mille livres, & vingt mille livres argent comptant, ainſi que les applaudiſſemens & l'eſtime du Public. Mais ce qui a mis le ſceau à toutes ces récompenſes & ces conſidérations, ce ſont les éloges flatteurs que M. Loriol a reçu de M. le Comte de Falckenſtein.

Je range dans la claſſe des plus grands Méchaniciens, M. Ferdinand Berthoud, Horloger-Méchanicien du

Roi & de la Marine, Membre de la Société Royale de Londres, Inventeur des montres & horloges de Marine. M. le Comte de Falckenſtein honora auſſi de ſa viſite ce ſavant Artiſte, qui a eu la gloire de réſoudre le problème des Longitudes, par le ſecours de l'Horlogerie. MM. Huyghens, Sully & autres Savans avoient fait depuis long-tems pluſieurs tentatives à ce ſujet, & porté leurs recherches fort loin ; mais il s'agiſſoit encore de perfectionner leurs découvertes. Cet avantage étoit réſervé à M. Berthoud, qui eſt parvenu, après la plus longue étude, à conſtruire des horloges marines, ſur leſquelles il a été donné un Traité en 1763, & qui fut publié en même-tems que ſon Eſſai ſur l'Horlogerie.

Ce Traité ſur les Horloges marines eſt le premier Ouvrage qui ait paru ſur cette matière depuis ceux de Sully. L'Auteur le publia avec le détail & le ſuccès des expériences qui en avoient été faites, ainſi que le plan exact, & les moyens nouveaux d'exécution. Le Gouvernement a accueilli la découverte de M. Berthoud en 1764. Pluſieurs Membres de l'Académie des Sciences, tels que MM. le Chevalier de Borda, Duhamel - Dumonceau, Pingré, les Abbés Chappe & Rochon, & le Chevalier d'Evreux-de-Fleurieu, Enſeigne de Vaiſſeaux & de l'Académie Royale de Marine, furent chargés de faire les épreuves de ces montres & horloges à différentes époques & ſous différens hémiſphères. Ces Savans en rendirent compte dans les Aſſemblées publiques de l'Académie.

Toutes ces épreuves que les uns & les autres ont faites, & ſur-tout les dernières de 1768 & 1769, ont paru ſuffiſantes pour apprécier en dernier reſſort l'exactitude de ces machines, & conſtater l'utilité que la navigation pourra en retirer. Une ſi belle invention a mérité à M. Berthoud des récompenses de la part de Louis XV, qui, en 1770, lui accorda un Brevet & des appointémens, avec la qualité d'Horloger-Méchanicien du Roi & de la Marine, chargé de l'inspection de la construction des horloges marines. Cette récompense flatteuse a été pour le sieur Berthoud un encouragement à pousser plus loin ses recherches ; & depuis on l'a vu s'occuper à exécuter un grand nombre de ses horloges pour le compte du Roi. Il a déjà même été fait des nouvelles épreuves de ces dernières. La régularité de ces machines est tellement constatée, que ce sont les seules dont on se serve aujourd'hui. L'utilité qu'on en peut retirer ne se borne pas à diriger la route des vaisseaux ; on les emploiera avec le même avantage à perfectionner la Géographie. Cette entreprise n'exigera plus de la part du Gouvernement des dépenses extraordinaires, & que les Astronomes, dont le nombre est petit en Europe, abandonnent leur Cabinet, & se transportent dans d'autres hémisphères, avec l'appareil de leurs instrumens embarrassans. L'octant de Haldey, & les horloges marines suffiront seuls pour déterminer les longitudes en Mer par la mesure du tems.

Les Nations étrangères ont déjà senti l'avantage de ces horloges marines que la France doit à un de ses Citoyens, dont le génie & le zèle infatiguable s'occupent sans cesse à perfectionner une découverte si précieuse à l'humanité ; découverte à laquelle Sa Majesté Catholique a voulu faire participer ses Peuples, en demandant à M. Berthoud huit horloges pour le service de ses vaisseaux.

Le 27 Avril, M. le Comte de Falckenstein, en descendant de l'Académie de Peinture & Sculpture, & de la Galerie du Louvre, entra au Jardin de l'Infante, conduit par le Comte d'Angevillers, qui lui présenta le sieur de Bernieres, Membre de plusieurs Académies du Royaume & Etrangères, comme l'Auteur de la grande Loupe de liqueur, qui est placée dans ce Jardin, & que les Sciences doivent à la générosité de M. Trudaine.

Je crois faire plaisir à mes Lecteurs en leur donnant quelques détails sur la nature de cette Loupe, & sur ses propriétés.

Cette Loupe est composée de deux glaces concaves de cinquante pouces de diamètre & de huit lignes d'épaisseur, faisant chacune une portion égale d'une sphère de huit pieds de rayon. Ces glaces sont appliquées l'une sur l'autre par leurs bords applatis en bizot. Un double cercle de cuivre les assujettit ensemble. On a pratiqué une petite ouverture entre les bords des deux glaces dans la partie supérieure, par laquelle on remplit l'intervalle intérieur que laissent ces deux glaces entr'elles, intervalle qui proprement forme cette

Loupe par la liqueur qui le remplit. Le sieur de Bernieres, qui depuis près de trente ans n'employoit que de l'eau distillée pour remplir ces sortes de Loupes, sentant de quelle importance il étoit que celle-ci ne fût point exposée à être brisée par la gelée, imagina de se procurer une autre liqueur que l'eau simple, laquelle mit sa Loupe à l'abri du danger. Il essaya d'abord de mettre l'eau elle-même dans le cas de ne pouvoir se geler, en y introduisant différents sels en dissolution, divers acides, &c. Il a inventé une machine nouvelle & faite exprès pour mesurer avec une exacte précision le pouvoir réfractif de toutes sortes de liqueurs, tant simples que composées. Les expériences qu'il a faites avec cette machine sur un assez grand nombre de liqueurs, lui ont fait découvrir une erreur importante dans laquelle les Savans semblent être tombés à l'égard du pouvoir réfractif des liqueurs en général. Ils ont bien reconnu que les liqueurs spiritueuses réfractent les rayons de lumière plus puissamment que l'eau ; mais ils ont dit en même-tems, que les uns & les autres avoient ce pouvoir réfractif, d'autant plus éminemment, qu'ils avoient plus de densité, c'est-à-dire, que ce pouvoir réfractif croissoit comme les densités entre les liqueurs semblables. Cela est vrai par rapport à l'eau, son premier réfractif augmente à proportion de l'augmentation de densité qu'on lui fait prendre par des dissolutions ; mais c'est tout le contraire quand il s'agit des liqueurs spiritueuses, le pouvoir réfractif de celles-ci s'accroît d'autant plus qu'elles perdent plus de leur pesanteur spécifique par des rectifications. Il suit de-là que l'eau devenue la plus pesante, est celle qui réfracte le plus d'entre les eaux ; & qu'au contraire, entre les liqueurs spiritueuses, celle qui pese le moins est celle qui réfracte le plus.

Ces faits bien constatés, le sieur de Bernieres se détermina à proposer à M. Trudaine, & à Messieurs de l'Académie Royale des Sciences, de remplir cette Loupe avec de l'esprit-de-vin au lieu d'eau, ce que ces Messieurs approuvèrent. Les avantages qui en sont résultés sont : 1°. que cette Loupe n'a rien à craindre des gelées. 2° Que l'esprit-de-vin ayant un pouvoir réfractif plus puissant que n'est celui de l'eau, le foyer de cette Loupe se forme en dix pieds & demi environ de distance derrière elle, au lieu qu'il se porteroit à douze pieds, si cette Loupe étoit remplie d'eau pure. 3°. Que ce foyer a son diamètre plus petit que ne seroit celui de l'eau, & qu'il en est plus actif. 4°. Que l'esprit-de-vin étant beaucoup moins pesant que l'eau, cette Loupe éprouve une moindre charge, une moindre poussée intérieure, &c

Le sieur de Bernieres a été près de trois ans à faire construire cette superbe Loupe. Les glaces qui la constituent ont été coulées à la Manufacture des Glaces de Saint-Gobain, sous les ordres de M. Deslandes, qui en est le Directeur ; elles sont d'un très-beau verre, & les Entrepreneurs de cette Manufacture se sont prêtés, on ne peut pas plus honnêtement, à la circonstance.

Ces glaces ont ensuite été courbées dans le four que le sieur de Bernieres a fait construire exprès pour cette opération, puis doucies & polies par des procédés appropriés. Enfin il a formé, par leur réunion, la Loupe dont il s'agit.

Cette Loupe, qui porte environ huit pouces d'épaisseur en son milieu, est manifestement plus transparente que ne peut être le verre le plus beau à pareille épaisseur ; de cette transparence de l'esprit-de-vin résulte la supériorité de cette Loupe sur celle de verre massif. Cel. connue sous le nom de verre ardent de Tshirnausen, & qui a été célébrée comme la machine la plus active connue jusques alors, n'a jamais pu faire fondre un écu de trois livres à son foyer; par conséquent elle a été fort éloignée de fondre le fer. Celle-ci fond un écu de trois livres en cinq secondes; celui de six, en quinze, tous les métaux, le fer même en moins d'une minute; enfin elle comporte une telle chaleur que le bois s'enflamme, étant placé à trente pouces de distance en deçà & en delà de son foyer, à l'endroit où le choc des rayons qui le compose porte encore près de neuf pouces de diamètre. La force singulière de ce foyer fait espérer que la Physique & la Chymie en tireront de grands secours. Les Commissaires de l'Académie profitent de tous les beaux jours pour y faire nombre d'expériences très-intéressantes, dont ces Savans enrichiront les Mémoires que cette illuftre Société produit chaque année.

L'avantage des Loupes de liqueur fur celles de verre maffif eft manifefte, M. Trudaine en avoit une, qui, quoiqu'elle ne porte que deux pieds de diamètre, fond à fon foyer une plus grande quantité d'argent en maffe que ne peut le faire une Loupe de verre qui porte près d'un pied de plus. S. A. S. Mgr. le Duc de Chartres en a une qui produit à-peu-près le même effet, quoiqu'elle n'ait que dix-huit pouces de diamètre. Enfin il eft reconnu que le verre maffif ne peut atteindre à de pareils effets, à égalité de grandeur.

L'avantage de ces Loupes fur les miroirs concaves eft également conftant. Le foyer d'un miroir fe porte de bas en haut, fur-tout dans les grands jours d'été, qui font les jours les plus favorables à ces expériences ; d'où il résulte que dès que le corps qu'on soumet au foyer d'un miroir est fondu, on ne peut porter l'expérience plus loin ; au lieu qu'avec une Loupe, les rayons forçant leur foyer de haut en bas, le corps en expérience se met dans le fond d'un creuset où ce foyer l'attaque, le calcine, le fond, & tout en fusion qu'il est, l'expérience peut se continuer autant de tems qu'elle l'exige, & que le Soleil est favorable. Les Savans obtiendront donc par le moyen des Loupes, & sur-tout par le moyen des Loupes de liqueur, des résultats que jamais on ne peut obtenir à l'aide des miroirs concaves.

Il étoit réservé à notre siècle, à un Ministre, qui aima & cultiva les Sciences avec le plus grand succès, & à l'Artiste, Auteur de la Loupe dont nous venons de parler, de leur procurer cet heureux moyen.

M. de Bernieres voulut démontrer les effets de sa nouvelle invention à

M. le Comte de Falckenſtein. Quoique le Soleil fût pâle, qu'il y eût des nuages, & qu'il s'en fallût de beaucoup que cette Loupe ne fût remplie de tout l'eſprit-de-vin qu'elle doit contenir, parce qu'on n'avoit pas été prévenu, M. de Bernieres fit fondre en moins d'une minute un écu de trois livres à ſon foyer. Cette expérience parut ſurprendre & intéreſſer M. le Comte de Falckenſtein.

Le 7 Mai ſuivant, M. le Comte de Falckenſtein ſe rendit au Cabinet de ce même Académicien, au vieux Louvre. Il s'y occupa de différens objets reſſortiſſans à l'optique en général, qui ſe trouvent dans ce Cabinet. Il y remarqua auſſi les cinq modèles de voiture, à la conſtruction deſquelles la Société libre d'émulation a contribué de ſes fonds au commencement de Mars dernier. Cette Société, dont le ſieur de Bernieres eſt Membre, eſt établie depuis quelques années dans cette

Capitale, sous les yeux du Gouvernement. Des Citoyens aussi distingués par leur naissance que par leur mérite, se sont faits un honneur d'en être Membre. Le but de cet établissement est d'encourager les Arts, & de ne rien négliger de ce qui peut tendre à leur perfection. A cet effet la Société a une caisse où chaque Associé doit verser chaque année une certaine somme, à l'instar d'un abonnement. La Société en tire les Prix qu'elle distribue aux Artistes qui se sont distingués, & les encouragemens qu'elle décerne à ceux qui lui présentent des inventions utiles. Ses Assemblées se tiennent deux fois par mois. Elle a aussi des comités particuliers, qui ont lieu autant de fois que le cas le requiert.

M. le Comte de Falckenstein demanda dans cette séance au sieur de Bernieres, auquel d'un charriot ou d'une charrette il donnoit la préférence pour le service en général. Ce Savant répondit que, depuis trente ans qu'il spéculoit sur cette partie, il étoit absolument décidé en faveur des charriots. Il appuya son sentiment sur un grand nombre de raisons qu'il eut l'honneur de développer à M. le Comte de Falckenstein, qui, après les avoir entendues avec la plus grande attention & goûtées, lui dit, avec un air de satisfaction, qu'en Allemagne il n'y avoit que des charriots & pas une charrette. Le sieur de Bernieres lui présenta un canon courbe de son invention, se servant de lest à lui-même sur un vaisseau. Cette autre invention fit également plaisir à M. le Comte de Falckenstein. Ce Seigneur vit ensuite dans le même Cabinet, un modèle de Chaloupe insubmergible, de l'invention du sieur de Bernieres.

M. le Comte de Falckenstein mit en question à ce sujet l'utilité de pareils Bateaux ou Chaloupes infubmergibles, & fit plufieurs demandes pour connoître jufqu'à quel point de fûreté on pouvoit compter fur ces Chaloupes ; & fur les réponfes de M. de Bernieres, M. le Comte de Falckenftein donna la fatisfaction à cet Académicien de lui entendre dire, que cette découverte de Chaloupes infubmergibles a pour objet la confervation des hommes, au lieu que l'autre ne tend qu'à les détruire. Ce feul mot d'éloge, & de la part de celui qui le prononçoit, a bien dédommagé le fieur de Bernieres de toutes les attaques que portent à cette découverte des deftructeurs jaloux, que l'on doit en ce cas regarder plutôt comme les ennemis du genre-humain que comme ceux de l'Auteur.

Pour donner une idée de ces bateaux infubmergibles & de leurs effets, je ne puis mieux faire que de rapporter ici ce qui en a été dit dans la Gazette de France du 9 Août 1776.

« Le premier de ce mois (d'Avril 1776) on a fait au Port des Invalides, » en préfence du Prévôt des Marchands » & du Corps de Ville, ainfi que d'un » nombreux concours de fpectateurs » de tous états, l'expérience d'un ba- » telet de Saint-Cloud, rendu infub- » mergible par un procédé de l'inven- » tion du fieur de Bernieres, l'un » des quatre Contrôleurs généraux des » Ponts & Chauffées, & Membre de » plufieurs Académies, &c.

» On a mis en comparaifon ce ba- » telet avec un autre batelet ordinaire » de Saint-Cloud, d'égale grandeur, » tous deux ayant été conftruits il y » a dix ans, & leur forme extérieure » paroiffant exactement la même. Ce- » pendant on a vu que huit hommes » feulement étant fur le fecond batelet » qu'ils faifoient balancer & pancher

» d'un côté, l'eurent bientôt rempli
» d'eau, & fait couler à fond ; ensorte
» que ces hommes ont été obligés de re-
» gagner la rive à la nage, tableau de
» ce qu'on peut redouter dans un bate-
» let ordinaire, soit par l'imprudence
» de ceux qui sont dedans, soit par la
» force des vagues & du vent, soit
» par un choc violent & inattendu,
» soit par toute espèce de surcharge.

» Les mêmes hommes échappés du
» batelet submergé se sont mis sur le
» bateau du sieur de Bernieres, l'ont
» balancé & rempli d'eau comme le
» premier ; mais au lieu d'aller au
» fond, ce batelet est resté à flot. Quoi-
» que l'eau y fut bord à bord, & ainsi
» chargé d'hommes, & du volume
» d'eau qui le remplissoit, on l'a vu
» se promener à force de rames sur le
» bassin de la Rivière, sans aucun
» risque pour les personnes qu'il con-
» tenoit.

» Le sieur de Bernieres a porté l'ex-

» périence plus loin. Il a fait établir
» un mât fur ce batelet rempli d'eau,
» a fait attacher au haut du mât
» une corde qui a été tirée, jufqu'à
» ce que le bout du mât touchât la
» furface de la Rivière, enforte que le
» batelet fe trouvoit tout-à-fait fur le
» côté, pofition que les vents ni les
» vagues ne peuvent lui donner ; &
» dès que les hommes qui l'avoient
» fait incliner à cet excès eurent lâché
» la corde, le batelet & le mât fe re-
» dreſsèrent en moins d'un quart de
» feconde, ce qui prouve que ce ba-
» telet joint à l'avantage d'être infub-
» mergible, celui d'être encore *incha-*
» *virable*, & de réunir conféquem-
» ment toutes les fûretés poffibles.

» Ces expériences ont paru faire
» d'autant plus de plaifir au Public
» que les avantages de cette découverte
» font fenfibles, & de la première
» importance pour l'Humanité.

» Un pareil batelet avoit déjà été

» éprouvé le 11 Octobre 1771, à Choify,
» en préfence de Sa Majefté Louis XV,
» de Mgr. le Dauphin, aujourd'hui le
» Roi régnant, & de Mgr. le Comte
» de Provence, aujourd'hui Monsieur,
» auxquelles le fieur de Bernieres, auffi
» connu dans les Arts par fon génie
» inventif que par fon défintéreffement
» & fes vertus citoyennes, remit le
» Mémoire de fes épreuves ».

Ce ne font pas les feules expériences de ce genre que le fieur de Bernieres a faites fous les yeux du Public. Il en a été fait deux ou trois fur la Loire, & plus de quinze fur la Seine, à différents endroits, & avec des bateaux & des chaloupes de différentes formes & grandeurs, enforte qu'il eft démontré que cette heureufe découverte peut s'appliquer à toute efpèce de bateau, batelet, chaloupe de Mer, bacq, gondole, &c. fans que le fieur de Bernieres change rien à leur forme extérieure, & par conféquent fans que cela puisse ralentir ou rendre plus pénible leur marche en aucune façon.

Il est étonnant qu'après les expériences multipliées faites par le sieur de Bernieres de ces bateaux & bacqs insubmergibles, devant des personnes dignes de foi, dont quelques-unes en ont fait construire de conforme à son plan ; qu'après même cette fameuse épreuve faite, sur la Seine au mois d'Août dernier, par les ordres de M. le Prévôt des Marchands, au vu de tout Paris, & dont le succès a répondu à l'attente de l'Auteur, & lui a mérité les applaudissemens universels, sa découverte ne soit pas généralement adoptée.

Qu'on auroit évité de malheurs, si elle eût été adoptée dès son origine, & aujourd'hui généralement employée ! Combien de passages, de traversées dangereuses, sur un grand nombre de fleuves & de rivières, auroient besoin d'être servis par des bateaux ou des bacqs

bacqs insubmergibles. Il périt des milliers de personnes par année sur les Rivières d'une grande largeur, faute d'avoir de ces bateaux par-tout où l'eau est rapide dans son cours, surtout lorsque les vents sont violens. Il faudroit dans nos Ports de Mer des chaloupes ayant la propriété de ne pouvoir ni couler bas, ni chavirer, & avec lesquelles les Pilotes pourroient, dans tous les tems, aller sans risque, pour eux-mêmes, au secours des malheureux qui viennent souvent périr même au Port, après avoir résisté par des travaux & des fatigues infinies aux tempêtes, aux vents, aux orages & à tous les dangers d'un long voyage.

Combien de bâtimens, de vaisseaux ne se seroient pas perdus s'il y avoit eu sur eux quelque chaloupe de cette espèce; elles auroient rassuré le Capitaine & les Matelots contre la crainte de la mort, & leur auroit conservé la force & la présence d'esprit, faute desquelles ils n'ont pu ni imaginer, ni excuter tout ce qu'ils auroient dû faire pour empêcher leur navire de couler bas. Les chaloupes recueilleroient les hommes, si le vaisseau faisant trop d'eau ne leur laissoit aucun espoir de se sauver. Avec elles ils gagneroient la Côte, le Port le plus prochain, ou un autre navire passant; ces chaloupes leur feroient éviter les dangers qu'ils courent sur les chaloupes ordinaires. Que d'allarmes on s'épargneroit aujourd'hui si l'on ne restoit plus indifférent à l'égard d'une pareille découverte ! On doit se souvenir avec effroi du bateau de Roboise, coulé à fond avec dix à douze hommes, en Novembre de l'année passée; de celui qui fut submergé avec neuf personnes, le 5 Janvier dernier, près de Rosny; de celui d'auprès de Compiegne, avec soixante passagers, en Avril de cette présente année; d'une autre catastrophe arrivée près de Cognac, très-récemment, où plus de quarante personnes ont péri.

M. le Comte de Falchenstein desirant prendre des connoissances sur l'administration des Ponts & Chaussées, & de voir les modèles & dessins de plusieurs ponts & machines, écluses & canaux, ainsi que des Ports maritimes du Commerce, s'étoit rendu à cet effet le premier Mai dans la matinée, chez M. Trudaine, Conseiller d'Etat, & Directeur général des Ponts & Chaussées de France, &c. Ce Magistrat, que les Savans se félicitoient de posséder, & qu'une mort soudaine a emporté, quelque tems après avoir donné la démission de sa place, dans laquelle il avoit eu pour successeur M. de Cotte, avoit fait transporter chez lui une grande partie des modèles & dessins de la Galerie de M. Perronet, des Académies des Sciences & d'Architecture de

Paris, premier Ingénieur des Ponts & Chauffées de France, & Chevalier de l'Ordre du Roi. Les Ingénieurs des Ponts & Chauffées s'étoient rendus chez le Magiftrat avec leur Chef, dont les ouvrages feuls peuvent faire l'éloge de fon génie. M. le Comte de Falckenftein s'entretint avec tous pendant plus de deux heures, fur les chofes relatives à leur profeffion, & examina avec la plus grande attention les différents modèles, fit les meilleures obfervations fur chacun, & dans lefquelles il donna des preuves de fa grande pénétration & de fon intelligence. En confidérant le modèle du Pont de Neuilly, il dit qu'il avoit vu ce nouveau Pont, & n'en avoit rencontré aucun dans fes voyages qui pût lui être comparé pour la grandeur des arches, & la légereté de l'exécution. Ce monument fuperbe, qui eft un des plus beaux effets du talent du favant Artifte (M. Perronet), fur les deffins duquel il a été conftruit, eft digne d'être mis en parallèle avec ce que Rome ancienne a produit de plus grand en ce genre. C'eft à des pareils génies (*) qu'il appartient de former des Elèves, qui fe fignaleront un jour comme lui par fes exemples.

M. le Comte de Falckenftein diftingua dans les autres modèles celui du Pont projetté par le même Artifte, pour être conftruit fur la Seine, vis-à-vis de la Place de Louis XV, celui que l'on fait fur la rivière d'Oyfe, à Pont-Sainte-Maxence, qui eft, ainfi que celui dont je viens de parler, porté fur des pilliers circulaires en forme de colonnes, & celui d'une arche de cent-cinquante pieds d'ouverture, que l'on doit faire fur chacun des deux bras de la Seine à Melun,

---

(*) M. Perronet eft Directeur des Plans & des Elèves pour les emplois d'Ingénieurs, dont l'Ecole eft chez lui, rue de la Perle, au Marais.

dont la courbure est décrite avec un rayon de trois cens pieds aux têtes, & de deux cens pieds au reste de la voûte. Cet illustre Voyageur fit une observation sur une Machine à receper les pieux sous l'eau, qui parut délicate & juste aux Artistes qui l'écoutoient. Il s'apperçut d'un Fauxbourg qui manquoit sur le plan d'un Port de Mer qu'on lui présenta, & qu'il n'avoit pas encore visité. Il donna un avis important sur le Pott de Saint-Jean-de-Luz, conforme à celui des Ingénieurs, qui avoient été consultés peu de tems auparavant sur le même sujet. Enfin il entra avec les Ingénieurs dans les plus grands détails sur la construction & l'administration des Chemins & particulièrement de la Corvée, détails susceptibles du plus grand intérêt par eux-mêmes, & auxquels ces Hommes de génie & le Voyageur illustre ont donné un degré de plus par l'étendue de leurs lumières.

M. le Comte de Falckenstein témoigna à M. Trudaine en sortant, combien il étoit satisfait de l'entretien qu'il avoit eu avec lui & les Ingénieurs, ainsi que des différens objets qu'il lui avoit fait voir; il leur laissa à tous la plus haute opinion de son savoir & de son zèle pour acquérir de nouvelles connoissances. M. Trudaine lui envoya le lendemain les dessins du Pont de Neuilly, & la Médaille que le feu Roi fit frapper, lors du décintrement de ce Pont; elle étoit d'or. M. le Comte de Falckenstein lui fit répondre par M. le Comte de Mercy, qui l'avoit accompagné chez lui, que quoiqu'il eût pris la résolution de ne rien accepter dans ses voyages, cependant, par exception & considération pour M. Trudaine, il vouloit bien garder les plans & la Médaille.

Cette Médaille fera encore passer à la postérité, & chez tous les Peuples du Monde, mieux que ne pourront faire les plus grands éloges, un chef-d'œuvre auſſi glorieux à l'Artiſte qu'à la Nation, dont elle prouve le génie.

Elle repréſente le Médaillon de Louis XV, & au revers le Pont de Neuilly ; la légende : *Novam Artis audaciam mirante ſequanâ*, ſignifie, la Seine eſt ſurpriſe de cette nouvelle hardieſſe de l'Art. L'exergue : *Pons ad Lugniacum conſtructus M. DCC. LXXII*, veut dire, le Pont conſtruit à Neuilly, 1772. Il eſt fâcheux que la mort ait enlevé l'Auteur de cette Médaille, le ſieur Roettier fils, à la fleur de ſon âge.

Je n'oublierai pas de compter parmi les Citoyens diſtingués par leurs talens & leur eſprit, M. Vatelet, Receveur général des Finances, de l'Académie Françoiſe, & de diverſes autres Academies. M. le Comte de Falckenſtein alla le voir à un lieu appellé *Moulin joli*, près Colombe, ainſi nommé d'un Moulin conſtruit ſur un bras de la Seine. Il y fut engagé autant par les qualités de cet Académicien que par la beauté de fa Maifon de campagne. Cette Maifon eft fituée dans une ifle; fes agrémens, qu'elle doit plus encore à fa pofition qu'à fes dépendances & aux ornemens qui la décorent, rendent ce féjour riant & digne d'exciter la curiofité. M. le Comte de Falckenftein le parcourut avec les Seigneurs de fa fuite. M. Vatelet ne put avoir l'honneur de l'accompagner dans ces diverfes promenades, parce qu'il étoit indifpofé; mais il fut amplement dédommagé de cette privation par l'entretien qu'il eut enfuite avec cet illuftre Voyageur, qui parut être auffi fatisfait des agrémens de la Maifon que du Maître, à qui il envoya après fa vifite, pour preuve de fon eftime, une Médaille d'or, frappée au coin de Jofeph II, Empereur.

M. d'Alembert, de l'Académie Françoife, de celle des Sciences de

Paris, & de plusieurs autres Académies Etrangères, dont j'ai déjà eu occasion de parler, fut celui des Membres de l'Académie Françoise que M. le Comte de Falckenstein desira plus volontiers de connoître, & avec lequel il s'entretint plus long-tems. L'hommage que cet illustre Etranger rendit à la science & aux talens de cet Académicien est d'autant plus flatteur, qu'un grand Prince (Frédéric II, Roi de Prusse) lié avec ce Particulier par une correspondance qui honore également le Savant & le Souverain, vient de le rendre public, dans une nouvelle lettre adressée à M. d'Alembert.

Il est peu de Savans & de personnes à talens ou amateurs, existants dans cette Capitale que M. le Comte de Falckenstein n'ait visité & étonné par la supériorité de son esprit & l'étendue de ses connoissances. Il n'est pas une Maison distinguée qui n'ait joui du même avantage. Ce sexe leger & aimable a mérité aussi de fixer son attention ; il en a voulu étudier le caractère, persuadé que rien n'est plus capable de former le cœur & l'esprit que la Société des hommes, dont les talens & les mœurs ne sont pas les mêmes dans tous les climats, dans les deux sexes & dans toutes les conditions.

Une Dame, qui étoit recommandable par ses excellentes qualités (Madame Geoffrin) fut particulièrement honorée de la visite de notre illustre Etranger. Chacun a connu la manière noble & généreuse dont elle s'est comporrée dans les occasions où elle pourvoit satisfaire l'inclination de son cœur, porté à la bienfaisance & à l'humanité. Cette Dame avoit déjà eu l'avantage de voir, à Vienne en 1766, M. le Comte de Falckenstein, & l'Impératrice Marie-Thérèse, lorsqu'elle passa par cette Cour, en revenant de celle de Pologne, où le Roi, qui l'appelloit.

sa mère, lui avoit fait un accueil digne d'une pareille qualité. Elle avoit reçû également des témoignages de bonté & même d'amitié de la part de Leurs Majestés Impériales.

Mais depuis le 28 Août 1776, Madame Geoffrin avoit été attaquée d'une paralysie qui la détenoit au lit. M. le Comte de Falckenstein n'avoit pas jugé à propos de la venir visiter, d'après une fausse idée qu'on lui avoit d'abord donnée de la position de la malade, qui ne lui permettoit pas de recevoir aucune visite. M. le Comte de Falckenstein convaincu ensuite du contraire, se rendit chez elle le 25 Mai, entre six & sept heures du soir, accompagné seulement du Comte de Mercy. M. le Comte de Falckenstein dit à cette Dame, qu'il étoit très-aise de la voir & de la trouver beaucoup mieux qu'on lui avoit fait entendre ; que si on ne l'avoit pas trompé à cet égard, elle eût été certainement une des premières personnes qu'il eût vues à Paris. Madame Geoffrin lui répondit avec toute la sensibilité que meritoit une pareille honnêteté. M. le Comte de Falckenstein s'entretint avec elle, en présence de plusieurs autres personnes, notamment la Marquise de la Ferté-Imbault, fille de Madame Geoffrin, femme pleine d'esprit & de graces, & le Marquis d'Etampes, neveu de la Marquise.

La conversation roula beaucoup sur les talens de l'Abbé Lespée, à l'occasion de la surdité dont est affligée la Marquise de la Ferté-Imbault. Cette Dame, qui, par une espèce de prodige, n'avoit rien perdu de l'entretien, qu'elle avoit même animé par sa vivacité & son amabilité, saisit cet instant pour dire à M. le Comte de Falckenstein, qu'il étoit plus habile que l'Abbé Lespée, puisque les talens de cet Instituteur se bornoient à donner de l'intelligence, & à établir entre les sourds

& muets des expreſſions conventionnelles ; mais que notre illuſtre Etranger avoit, comme par magie, rendu à ſon organe la vertu, dont il étoit anciennement ſuſceptible.

M. le Comte de Falckenſtein montra beaucoup d'affabilité dans cet entretien qui dura environ trois quarts-d'heure, & pendant lequel il exigea que chacun fut aſſis. Mais comme il reſta lui-même debout, tout le monde en fit autant. Il ſe prêta aux jeux des enfans du Marquis d'Etampes qui couroient çà & là ; il ſouffrit même que l'un d'eux, âgé de quatre ans, ſe mît entre ſes jambes. Il avoit demandé, en les voyant, au Marquis d'Etampes, ſi c'étoient-là ſes enfans. Le Marquis avoit répondu qu'oui. —*Combien en avez-vous*, répliqua M. le Comte ? —*J'en ai dix.* —*Cela exige bien des ſoins.* —*Ces ſoins ne me coûtent rien, ſi, comme je l'eſpere, je parviens à en faire d'honnêtes gens*. M. le Comte de Falckenstein dit ensuite au Marquis d'Etampes les choses les plus honnêtes à ce sujet.

Madame Geoffrin lui demanda, lorsqu'il étoit prêt à prendre congé d'elle & de sa compagnie, si elle auroit l'honneur de le revoir ; ce qu'il ne put lui promettre, parce que, dit-il, il touchoit au moment de son départ, qui en effet arriva quelques jours après. Madame Geoffrin n'a survécu que quelques mois à cette visite. Sa mort, arrivée le 6 Octobre suivant, a terminé ses longues souffrances. Elle étoit âgée d'environ 78 ans. On assure qu'avant de la quitter, M. le Comte de Falckenstein visita l'appartement de la Marquise de la Ferté-Imbault, dans lequel il apperçut le Portrait d'un ancien Ambassadeur de l'Empire, à la Cour de France. A cette vue, M. le Comte dit : *Il voudroit bien avoir conservé la même figure que nous lui voyons.* Cette épigramme légère faite à propos, sans être mordante, donnoit assez à connoître le défaut de ce Seigneur, d'être un peu trop attaché à sa figure.

On raconte qu'il est arrivé plusieurs fois à M. le Comte de Falckenstein, pendant son séjour à Paris, de s'être trouvé *incognito* dans des promenades & d'autres endroits publics pour mieux faire ses observations. Ainsi le bon Roi Louis XII se mêloit quelquefois dans la foule de ses Sujets pour s'instruire, & apprendre des vérités que ses Ministres lui auroient toujours déguisées.

Cette digne curiosité de M. le Comte de Falckenstein l'a porté à voir par lui-même jusqu'à quel degré le luxe est honoré parmi nous, & de quelle manière il insulte à la misère publique. Quelle source d'instructions ne donnent pas les tableaux qu'il présente ! C'est dans ces demeures des Traitans & de ces Divinités qu'encense la frivolité, où il brille de tout son éclat ; c'est dans ces séjours de l'opulence, dont la vue, loin de réjouir un Sage, doit exciter ses larmes, que M. le Comte de Falckenstein apprit que ces lieux sont des gouffres où s'engloutit l'or du Royaume, & que le pauvre seroit traité moins durement dans sa chaumière, s'il n'existoit pas de semblables Palais, où l'on ne voit que riches dorures, belles & riantes peintures, magnifiques équipages, nombreux domestiques, tables splendidement & abondamment servies, par-tout en un mot une magnificence vraiment royale.

Et quels éloges ne mérite pas un illustre Seigneur, dont l'extérieur est d'une simplicité qui couvre de honte notre stupide vanité, & nos airs de grandeur consistants en vains étalages, l'air affable, l'accueil facile, le maintien modeste, & les actions ne sont presque que des actes de bienfaisance ! Un si rare mérite a fait la plus grande impreſſion. Dès ſon arrivée, M. le Comte de Falckenſtein s'eſt concilié tous les cœurs; chacun s'eſt empreſſé de le connoître, de le voir, & ne s'eſt cru heureux qu'après l'avoir vu. L'Hôtel de Tréville (*), où l'on étoit aſſuré de le voir après ſes repas, a continuellement été rempli de perſonnes qui venoient à ce deſſein. On ſe précipitoit dans les lieux qu'il devoit honorer de ſa préſence; & cet empreſſement a toujours été le même, malgré les pluies qui ont régné pendant preſque tout le tems de ſon ſéjour dans la Capitale. On peut appliquer avec fondement à M. le Comte de Falckenſtein ce que Pline diſoit de Trajan; tous les lieux de ſon paſſage étoient trop reſſerrés, à cauſe de la foule du Peuple accouru de toutes parts pour le connoître; les toîts

---

(*) Le Propriétaire de cet Hôtel en a changé le nom, avec la permiſſion de M. le Comte de Falckenſtein. Il eſt aujourd'hui appellé *Hôtel de l'Empereur Joſeph II.*

mêmes des maisons en étoient remplis. Les pères montroient ce Prince à leurs enfans; les vieillards ne desiroient plus de vivre davantage après l'avoir vu; & les jeunes gens ne vouloient pas mourir pour le voir plus long-tems.

Aussi nos habiles Poëtes se sont-ils empressés de célébrer le Voyage de M. le Comte de Falckenstein, & de chanter ses vertus. Le nombre des Pièces de Vers faites à cette occasion est considérable. Je me contenterai de rapporter celles qui m'ont paru les mieux travaillées, & quelques morceaux de celles dont la longueur grossiroit trop cet article.

La première qui parut est celle-ci :

De vos propres Sujets n'avez-vous pas assez ?
Voulez-vous donc régner sur-tout ce qui respire?
Gagner ainsi les cœurs par-tout où vous passez,
Des Princes, vos voisins, c'est usurper l'Empire,
Vous faire tout ensemble admirer & chérir,
Voilà ce qu'en tout lieu votre cœur se propose;

Et c'est pour vous la même chose ;
Que voyager ou conquérir.

Ces deux derniers Vers renferment le sens des deux autres, & en peu de mots la pensée qui est très-fine. On les a attribués à la Comtesse d'Esparbèz ; mais leur Auteur, qui est M. Legrand, les a réclamés, & en a fait ses excuses à cette Muse de la manière la plus jolie. Cette épisode est liée avec les Vers précédents. Voici les nouveaux :

J'errois un jour dans le sacré Valon,
Je voulois à JOSEPH présenter mon hommage.
Je l'obtins. Des neuf Sœurs la troupe bien peu
   sage,
Dit d'abord : De ces Vers nous connoissons
   l'Auteur,
C'est Erato : non, non, leur dis-je, à votre sœur
Attribuer mes Vers, c'est lui faire un outrage ;
De cette bonne-foi je te sçais fort bon gré,
Répondit Erato ; ma justice est connue,
  Et je te récompenserai,

Les premiers Vers que je ferai,
Je veux qu'on te les attribue.

Cortege de M. le Comte de Falckenstein.

La bienfaisance le précède,
La modeste vertu se tient à son côté :
A la Vertu l'humanité succède,
Et la marche finit par l'immortalité.

Paris s'enorgueillit d'avoir eu pour Vainqueur
    Le Héros (*) qui subjugua Rome,
Il s'applaudit aussi d'avoir vu le grand Homme (**),
Qui du Nord étonné fut le Législateur.
    Mais quelle époque dans l'Histoire !
Affable & bienfaisant, l'héritier des Césars,
Confondu parmi nous se dérobe à sa gloire,
Et se cache en nos murs pour y chercher les Arts.

L'Auteur d'une Pièce de Vers faite sur le départ du Comte de Falckenstein, après avoir exprimé les regrets de la France, célebre les Vertus de ce nouveau Titus, qu'il nomme cepen-

---

(*) César.
(**) Le Czar Pierre Premier.

dant un autre Alexandre à la troisieme strophe.

> Ce fier Conquérant de la Terre,
> Vainqueur encore des Enfers,
> Reparoissant sur l'hémisphère,
> Nous précipite dans ses fers ;
> C'est par un nouveau stratagême,
> Son joug n'est que la bonté même.
> JOSEPH lui sera comparé :
> Grand tous deux au printems de l'âge,
> De l'un on redouta l'image,
> L'autre par-tout fut adoré.

Le Poëte après avoir témoigné le desir de vivre sous les Loix d'un tel Prince, sans cependant cesser d'être le Sujet de LOUIS, fait un souhait à la gloire de Joseph II & de l'Allemagne dans la dernière strophe.

> Puisse un jour, au vœu de la France,
> Sous de tels Rois, l'Aigle & le Lys,
> Marchant tous deux d'intelligence,
> Braver nos communs Ennemis !
> Puisse ne former qu'une plaine,
> Le Danube joint à la Seine.

Pour aider ce pacte enchanteur !
Fasse le Ciel qu'il soit durable !
Quel augure plus favorable,
Qne de voir le frere & la sœur !

Voici quelques strophes d'une Ode faite sur le même sujet.

Ennemi du repos, dont la douceur énerve,
Quel essor l'a conduit vers ces bords fortunés ?
César est un Platon, c'est un fils que Minerve
  Fait voir aux Mortels étonnés.

Tel le Minos du Nord, ce Czar incomparable,
Qui força la victoire aux champs de Pultava,
Acquit en s'éclairant la grandeur formidable
  Qu'à ses périls Charles (*) brava.

. . . .
. . . .

Et qu'ont vu l'Eurotas, & Colchos & l'Euphrate,
Qui pût encor frapper, captiver nos regards ?
Qu'ont fait Solon, Licurgue & Fabrice & Socrate,
  Au prix du plus cher des Céfars ?

N'a-t-il pas mille fois visité la chaumière,

(*) Charles XII, Roi de Suede.

pour voir l'humanité fous des aspects divers ?
N'a-t-il pas rétabli dans leur vigueur première
Des cœurs flétris par les revers ?

. . . .

Disparois à ses yeux, hydre la plus funeste ?
Rentre dans les Enfers, ô luxe destructeur ?
Les mœurs ont un Héros, & ce Héros modeste
Brave ton poison corrupteur.

. . . .

L'Univers l'en bénit, la raison lui rend graces
Du rempart que chez lui les mœurs ont mérité.
Qu'un Souverain est grand, alors que sur ses traces
Marche l'humble simplicité !

. . . .

On est plus que Héros quand on aime les hommes,
On est autant qu'un Dieu quand on est aimé d'eux :
Le suprême bonheur du moment où nous sommes,
C'est d'exceller dans tous les deux.

Cette dernière strophe termine l'Ode. Voici une Pièce de Vers de Mademoiselle Coffon de la Creffonniere, qui offre une allégorie très-heureuse, &

dans

dans laquelle on verra le portrait de notre Auguste Reine peint très-délicatement.

LE LION VOYAGEANT incognito.
Fable Allégorique.

Pour regner avec grace & magnanimité,
Pour connoître en tous points les loix de l'é-
  quité,
Le Sultan des forêts à la fleur de son âge,
  Mit un jour dans ses hauts desseins,
D'observer inconnu d'autres Etats voisins
(Roi qui sçait observer est toujours un Roi
  sage)!
  Des simples Daims pour paroître l'égal,
Dans son antre il laissa sceptre & bandeau royal,
La bonté, la candeur, la raison, le courage,
Formoient tout son cortège en ce prudent
  voyage ;
  Mais en vain cacha-t-il son nom,
  Et son éclatante criniere ;
Certain air de grandeur déceloit le mystere ;
  Chacun disoit « c'est le Lion ».
Quand il vint dans les bois que la Seine envi-
  ronne,
  Lieux charmans, où les Lys,

D'une fleur des Germains sont encore embellis !
Les Cerfs, les Daims en foule entouroient sa Personne,
Baisoient ses pas chéris, faisoient tout bas des vœux.
Pour la prospérité d'un Prince généreux,
Qui se montroit en tout digne de la Couronne.
Chaque être enfin touché de sa vertu,
S'estimoit trop heureux de dire : *Je l'ai vu.*

ENVOI à M. le Comte de Falckenstein.

O vous, Monarque cher aux filles de Mémoire,
Vous qui, pour acquérir une solide gloire,
Suivez un sentier peu battu,
Nouvel *Anacharsis* (*) à nos cœurs bien connu ;
Dans cet apologue ingénu,
Ma muse vient de tracer votre Histoire.
Envain couvert d'un voile épais ;
Vous croyez échapper aux transports de la France ;
Ah ! jamais la vertu ne peut cacher ses traits ;
Et dès qu'on l'apperçoit tout l'Univers l'encense.

Un pareil sujet étoit bien digne d'ex-

(*) Prince de Scythie, qui vint mériter dans Athenes l'estime des Sages, dont il augmenta le nombre.

citer la verve d'un sexe qui juge bien les hommes, & dont l'esprit subtil se prête à toutes sortes de travail, & même aux plus grandes choses. Je ne suis pas surpris non plus que M. le Comte de Falckenstein ait encore fait briller la Poésie dans une Langue trop négligée, mais qui semble cependant prendre quelque faveur aujourd'hui. M. Chivot, Docteur aggrégé de l'Université de Paris, au Collége des Grassins, a composé une Idille en Vers Grecs, que ceux qui aiment & cultivent cette belle Langue, trouveront dans différents Journaux & chez l'Auteur. L'Allégorie de l'Aigle, cherchant Jupiter, que M. Chivot a employée dans cette petite Pièce, est très-heureuse. L'application s'en peut faire aisément ; l'Aigle est le symbole de l'Empire d'Allemagne, & Jupiter est le Roi des Dieux.

Cette Idille a été traduite en cinq autres Langues, savoir : en françois, en latin, en Italien, en anglois, & en allemand; mais ces traductions ne peuvent pas rendre l'énergie & la richesse du grec; la pensée de l'Auteur se trouve pour ainsi dire délayée dans ces différents idiômes.

Les Poissardes ont été admises à complimenter M. le Comte de Falckenstein; elles lui ont adressé un compliment à leur manière. On sait qu'elles se distinguent toujours dans les occasions, & qu'elles célèbrent ordinairement les grands événemens. C'est à une d'elles qu'on attribue un éloge court, mais qui vaut bien une Pièce de Vers, surtout de la manière dont il fut prononcé. Cette femme se jetta aux genoux de M. le Comte de Falckenstein, qui sortoit de l'Hôtel de Tréville, & baisant le pan de son habit s'écria: « Heureux les Peuples, Monseigneur » le Comte, qui paient les galons de » vos habits ».

Quelle simplicité de style! Mais quel sens dans la pensée! Je suis persuadé que la vérité a dicté un si beau panégyrique, plutôt que la flatterie, & que celui qui en a été l'objet a été plus touché d'un pareil langage, que des charmes de la plus vive éloquence & de la plus brillante Poésie.

Enfin les beaux esprits de la Capitale ont célébré à l'envi les vertus de notre illustre Voyageur; de ce nombre sont: MM. Saurin, de l'Académie Françoise, Cosson, Professeur au Collége Mazarin, & Dorat, ce dernier connu par différents genres de Poésies. Il seroit trop long de rapporter les Pièces des uns & des autres, qui ont déja été rendues publiques.

M. le Comte de Falckenstein se déroboit quelquefois à l'admiration de la Capitale pour aller à la Cour, & visiter les Maisons Royales, les Châteaux des Princes du Sang, & même des riches particuliers. Ses absences ne furent jamais longues, & il parut toujours à la Cour, dans ce séjour où le courtisan n'est pas tel quil est à la Ville, avec ce même air affable, cette noble simplicité dans les habits, sans s'y faire annoncer, & souvent même sans qu'on l'attendît. On rapporte qu'un jour se promenant de bon matin sur les nouveaux Boulevards, un Cocher qui alloit chercher son Maître à Versailles, dans une voiture vuide, propose à M. le Comte de Falckenstein, qu'il ne connoissoit pas, de l'y mener. Notre illustre Voyageur accepte la proposition, à condition que le Cocher fera la plus grande diligence, dont il sera bien récompensé. La voiture arrive à Versailles, à la Cour des Princes, & le Cocher ne jugea qu'au paiement de l'importance de son Voyageur. M. le Comte monte chez la Reine, qui est surprise de le voir si matin, & se flatte que la Cour le possédera aujourd'hui. Mais après avoir salué le Roi, & rempli l'objet de son voyage, M. le Comte de Falckenstein retourna, peut-être de la même manière qu'il étoit venu, à Paris où il avoit promis d'être rendu à onze heures.

Il fit également les délices de Versailles, où il alloit voir Mesdames de France, qu'il appelloit ses tantes. Il a paru plus affectionner Madame Adélaïde, à cause de la ressemblancee qu'il trouvoit dans cette Princesse avec sa premiere Epouse, Isabelle de Parme, soit dans son ton de voix, soit dans les manières.

On le vit notamment à la Cour les jours de la Pentecôte & de la Fête-Dieu. La premiere de ces deux Fêtes est une des principales de l'Ordre du Saint-Esprit, institué par Henri III. Tous les Chevaliers de l'Ordre se rendent ce jour-là à l'appartement du Roi, & l'accompagnent à la Chapelle du Château, où il entend la Messe au milieu de toute sa Cour, après laquelle les Chevaliers de l'Ordre le reconduisent dans son appartement. Cette cérémonie est trèsmajestueuse. Elle aura un éclat de plus lorsque toutes les Chevaliers seront revêtus d'un uniforme magnifique, que Sa Majesté a adopté. M. le Comte de Falckenstein fut admis ces jours-là & plusieuts autres à la table de Leurs Majestés ; c'est-là que ces trois augustes Personnes ont resserré autant de fois entr'elles les nœuds de la fraternité, tissus de la main des graces, embellies par toutes les vertus.

M. le Comte de Falckenstein visita avec la même attention, qu'on lui vit apporter aux beautés de la Capitale, tout ce que la grandeur & la magnificence offre de plus curieux dans le Palais de nos Rois. Les appartemens, la Galerie, le Parc, qui quoique triste aujourd'hui, renferme les plus beaux chefs-d'œuvres, des statues, des bosquets, l'Orangerie, la Ménagerie. Il se présenta à cette derniere un jour à neuf ou dix heures du matin, équipé très-simplement, & suivi d'un seul domeſtique. Il eſt à remarquer que les Gardes, pour n'être pas dans le cas de répéter les repréſentations, qui leur donnent ſouvent de l'humeur, ont établi une règle de ne laiſſer entrer les curieux, à moins qu'ils ne compoſent une compagnie de quinze à vingt perſonnes. C'eſt pourquoi ne connoiſſant pas M. le Comte de Falckenſtein, auquel pluſieurs particuliers s'étoient joints, ils lui dirent d'attendre qu'il ſe formât une compagnie plus conſidérable. Quand le nombre fut accru, au bout de quelque tems, M. le Comte de Falckenſtein entra & ſe trouva confondu, comme on doit le penſer, avec toute ſorte de gens. Après que tous eurent ſatisfaits leur curioſité, M. le Comte de Falckenſtein ſortit avec eux, & mit dans la main du Garde ſa récompenſe. Celui-ci reſta long-tems étonné de la libéralité d'une perſonne vêtue ſi bourgeoiſement; mais bientôt il fut convaincu d'avoir fait attendre à sa porte le Frère de la Reine.

Le grand & le petit Trianon, Meudon, la Muette, Saint-Hubert, Fontainebleau, Marly intéresserent successivement sa curiosité; c'est après avoir vu tout ce que ce dernier Château offre de plus curieux, les Eaux, le Parc, qu'engagé par la proximité de Lucienne, qui n'est qu'à une lieue de Marly, & l'agrément de cet endroit charmant, M. le Comte de Falckenstein desira de voir ce magnifique Château, où le luxe & le goût ont fixé leur asyle; son attente fut remplie, rien en effet n'éblouit tant ses yeux.

Il visita aussi Belle-Vue, qui est un Château, dont le feu Roi a fait présent à Mesdames, & sa position est charmante, ainsi que Saint-Germain-en-Laye, qui a été long-tems la demeure de deux grands Rois Sa Majesté vient de donner ce dernier à S. A. R. M. le Comte d'Artois, avec 600,000 livres pour le réparer. On détruit déjà le Château neuf. Le Jardin de M. le Maréchal Duc de Noailles fait la principale beauté de ce lieu. M. le Comte de Falckenstein vit encore avec plaisir Seaux, qui appartient à S. A. S. M le Duc de Penthievre, dont les Eaux & le Parc font un lieu riant & plein de délices ; Saint-Cloud, qui est à S. A. S. M' le Duc d'Orléans, Premier Prince du Sang, dont les Eaux sont mises au rang des plus belles & des mieux entretenues ; Chantilly, Maison de S. A. S. M^r le Prince de Condé, que sa beauté rend moins célebre que la gloire d'avoir appartenu au Grand Condé.

Ainsi donc M. le Comte de Falckenstein sçut mettre à profit tout le tems qu'il a resté dans la Capitale. Pour mieux voir par-lui-même, & étudier nos mœurs, il aimoit à se confondre dans la foule, comme je l'ai déjà dit, seul & n'ayant d'autre cor-

Q vj

tège que sa gloire. Se promenant un jour aux Thuileries ou au Palais Royal, chacun ne tarda pas à le savoir ; déjà on se portoit en foule à l'endroit où l'on croyoit le rencontrer. M. le Comte de Falckenstein voulut tromper la curiosité du Public. Il pleuvoit, notre Voyageur s'échappe, & à défaut de sa voiture qui n'étoit pas à la porte par laquelle il sortoit, il entre dans une publique. Le cocher refuse de marcher, malgré la défense de la Police, sous le prétexte ordinaire qu'il est arrêté, mais afin de faire renchérir ce qui se présente d'abord, & paroît le plus pressé, ce qui ne manqua pas d'arriver. M. le Comte de Falckenstein promet de le payer largement ; le cocher fait encore le difficile ; il s'obstine ; enfin il se laisse gagner par l'amorce d'une bonne étrenne. Où faut-il vous conduire, mon Bourgeois, dit le cocher, avec son ton familier ? — À la rue de Vaugirard. Voilà le

Cocher & ses deux rosses en marche. Arrivé à la rue de Vaugirard, le Cocher replique. —A quel endroit, mon Officier ? —Au petit Luxembourg. Mais quelle fut la surprise du Cocher, après que son illustre Passager eût mis pied à terre, & lui eût donné son paiement roulé dans un papier, de se trouver dans la main plusieurs louis ? Il rit de la prétendue méprise, entre chez le Suisse, lui demande s'il connoît bien la personne qu'il vient de conduire, l'instruit de l'erreur qu'elle vient de faire, le presse de lui faire parler, se confesse trop honnête homme pour profiter d'une pareille inadvertance. Il sollicite ensuite vivement le Suisse de demander la permission de monter, afin de restituer cette somme qu'il ne veut pas absolument accepter, jusqu'à ce qu'enfin le Suisse, que sa peine a assez long-tems diverti, lui explique de qui il la tient. Je laisse à penser quelle joie ce noble Phaéton dût ressentir de posséder une petite fortune, bien plus encore combien son amour-propre se sentit flatté d'avoir mené M. le Comte de Falckenstein.

Ce caractère de générosité, ou pour mieux dire de bienfaisance, l'a accompagné par-tout avec cette bonté envers tous, qui sembloit lui faire oublier sa supériorité sur eux. Un jour, pendant son séjour à Paris, un de ses Gens lui ayant demandé la permission d'aller dîner chez ses parents, M. le Comte de Falckenstein la refusa par la raison qu'il avoit besoin de lui. Mais il lui dit, faites mieux : ordonnez chez moi le dîner, & mandez à vos parents d'y venir prendre part. Le dîner eut lieu. Sur la fin du repas, M. le Comte de Falckenstein entra chez les convives, & leur demanda si rien ne leur avoit manqué.

Son esprit ne s'est occupé que de

grandes choses ; sa société a été celle des Sçavans, & de ceux dont les lumières pouvoient lui être de quelque utilité. Enfin ses amusemens n'ont été qu'une étude continuelle. Il a donné à la France un exemple bien différent de celui de cet Empereur, que Paris vit peut-être dans un tems où les hommes tenoient plus à leur siècle. Charles IV, de l'ancienne Maison de Luxembourg; fit un voyage en France en 1377. Ce Monarque parut avec tout le faste de son rang, & en exigea les honneurs. Il fut logé dans le Palais de nos Rois, qu'il crût seul digne de le posséder. Il ne fit pas ses délices des Arts & des Sciences : il ne s'en occupa même pas ; ils n'étoient pas à la vérité perfectionnés. Le Prince vouloit cependant s'amuser, & cherchoit un Spectacle qui l'intéressât. Pour y parvenir, il lui falloit de ces Pièces qui donnent tout aux yeux & rien à l'ame. On le servit suivant ses desirs. Corneille & Racine n'avoient pas encore existé. Le Théâtre étoit dans le cahos, ou pour mieux dire, un goût barbare, tel qu'il existe encore en certain Pays, régnoit sur le nôtre, qui offroit un mélange de sacré & de profane. Le sujet de la Pièce qu'on représenta devant l'Empereur étoit la prise de Jérusalem. On vit d'abord paroître un vaisseau avec tous ses mâts, ses voiles & ses cordages. Godefroi de Bouillon, entouré de ses Chevaliers, se présentoit sur le tillac. On appercevoit ensuite la Ville de Jérusalem avec son Temple & ses tours couvertes de Sarrazins ; le vaisseau s'approchoit de la Ville, les Chrétiens mettoient pied à terre, montoient à l'assaut ; l'Ennemi se défendoit ; le combat devenoit furieux ; la Ville se rendoit, & l'Empereur applaudissoit.

Dans l'année précédente Alphonse V,

Roi de Portugal, dont j'ai déjà parlé, étoit venu à Paris, pour y folliciter auprès du Roi de France des fecours contre Ferdinand, fils du Roi d'Arragon, qui lui avoit enlevé la Caftille. Louis XI voulut le traiter honorablement, & lui procurer tous les amufemens poffibles. Il fut logé dans la rue des Prouvaires, chez un Epicier nommé Laurent Herbelot. On le mena au Palais où il entendit plaider une belle Caufe. Il alla à l'Evêché où l'on procéda en fa préfence à la Réception d'un Docteur en Théologie. Le lendemain Dimanche premier Décembre, & veille de fon départ, on ordonna une Proceffion de l'Univerfité, qui paffa fous fes fenêtres. Les Hiftoriens ne difent pas fi ce Monarque prit d'autre plaifir. Il n'aimoit pas fans doute les Spectacles, comme Charles IV, puifqu'il n'y affifta pas.

Tels étoient les amufemens du tems dont je parle, qui ne font pas plus d'honneur à la Nation qui les procuroit qu'au Souverain, qu'ils intéressoient. Le Prince sans doute n'en vouloit point prendre d'autre, ou bien la Capitale étoit très-stérile en moyens pour occuper plus dignement son esprit. On peut juger par-là du goût de l'un & de l'autre. La postérité portera un autre jugement de la France & de M. le Comte de Falckenstein, lorsqu'elle apprendra à quel degré les Arts & les Sciences étoient montés dans le Royaume en 1777, combien les mœurs étoient douces & polies, quels charmes M. le Comte de Falckenstein a trouvé dans le séjour de la Capitale, qui est un répertoire des choses les plus intéressantes, dont un esprit curieux & qui cherche à s'instruire, ne peut jamais se rassasier. Notre Illustre Etranger ne s'en est arraché que pour achever son noble projet, après avoir laissé tous les lieux témoins de sa bienfaisance & de sa générosité, & comblé les Savans des marques de son estime & de sa protection. Nous finirons ce volume par ces Vers qui le caractérisent si bien.

Sur un Prince aussi grand que ne peut-on pas dire ?
Son front serein, noble, majestueux,
Ce regard de bonté, cet affable sourire,
Annoncent un Héros, issu du sang des Dieux,
Et digne de régner sur tout ce qui respire.
Le bonheur des Humains est pour lui précieux.
Il tend à l'indigent une main salutaire ;
La veuve & l'orphelin en lui trouvent un pere.
Heureux sont les Mortels à ses ordres soumis !
JOSEPH dans ses Sujets ne voit que des amis.
Il voyage, & par-tout on l'admire, on l'adore ;
O France ! tu voudrois le posséder encore !
Le Frere de ta Reine est trop cher à tes yeux
Pour ne pas élever ta voix jusques aux Cieux.
Que du nom de JOSEPH l'Olympe retentisse ;
Qu'à nos vœux, nos accens, le destin obéisse,
Et que la Renommée, exaltant notre amour,
Publie à l'Univers ses bienfaits & sa gloire.
Courons, volons au Temple de Mémoire,
Traçons-y sur l'airain son immortel séjour ;
Sa vertu, ses bontés orneront notre Histoire.

Fin du Tome premier.

TABLE
ALPHABÉTIQUE

Des Noms de Villes, Savans, Auteurs, Artistes, & autres objets intéressans, dont il est parlé dans ce Volume.

A

ABBAYE DU VAL-DE-GRACE, pag. 38
Académie Françoise, 108
—— Royale des Inscriptions & Belles-Lettres de Paris, 112
—— des Sciences, 114
—— de Peinture & Sculpture, 138
—— d'Architecture, 173
—— de Chirurgie, 176
Arsenal de Paris, 274

B

BELLE-VUE, (Château de) 370
Bernieres, (le sieur) 143, 328
Berthoud, (Ferdinand) Horloger, 315
Bibliothèque du Roi, 199
Bibliothèques publiques de Paris, 197
Boulevards, 53, 74

C

CABINETS de Médailles, de Planches & d'Estampes du Roi, 209
Cabinet du Roi, à Passy, 104

Cabinet d'Histoire Naturelle, 191
------ d'Anatomies Artificielles, de Mademoiselle Biheron, 199
Caffiery, Sculpteur, 94
Chantilli, 102
Choisy, Maison Royale, 103
Colisée, 171
Comédie Françoise, 96
------ Italienne, 78
Comus, (le sieur) 285
Concert Spirituel, 65
------ Privé, 68
Courses de Chevaux, 63
Couftou, Sculpteur, 152, 232

D

D'ALEMBERT, (le sieur) 345
Dépôt des Gardes-Françoises, 261
Dôme des Invalides, 38

E

ECOLE de Peinture à Rome, 170
Eglise de Notre-Dame, 32
------ des Carmélites, 37
------ nouvelle de Sainte-Genevieve, 175
------ de Saint Roch, 36
------ de Saint-Sulpice, 36
Exercice à feu du Régiment des Gardes-Françoises, 263
------ des Gardes Suisses & Grisons, 260

F

FONTAINEBLEAU, 370

G

GALERIE du Luxembourg, 154
------ du Palais Royal, 156

Galerie de l'Hôtel Briſſac,	159
Geoffrin, (Madame)	347
Greuze, Peintre,	160

H

HÔPITAL des Enfans-Trouvés,	44
------ de la Charité,	46
------ Général,	47
------ Militaire des Gardes-Françoiſes,	264
Hôtel-Dieu,	41
---- des Invalides,	297
------ de l'Ecole Royale-Militaire,	268
------ des Monnoies,	274

I

IMPRIMERIE Royale,	273

J

JARDIN du Palais Royal,	54
------ du Luxembourg,	Ibid.
------ des Thuileries,	55
------ de S. A. S. Mgr. le Duc de Chartres,	Ibid.
------ de M. Boutin,	56
------ Du Maréchal Duc de Biron,	61

L

LA MUETTE, Maiſon Royale,	370
Leſpée, (l'Abbé)	275
Loriol, (le ſieur)	505
Loupe du Jardin de l'Infante,	143
Lucienne, (Château de)	370

M

MAISONS de Santé,	48
Manufacture Royale des Gobelins,	219

Manufacture des Tapis, façon de Perse & du
    Levant, 219
------ de Porcelaine à Sève, 370
Marly ; Maison Royale, 243
Mausolée de Mgr. le Dauphin & de Madame la
    Dauphine, 151
------ du Maréchal de Saxe, 13
------ du Comte d'Harcourt, 34
------ du Cardinal de Richelieu, 167
Médaille du Pont de Neuilly, 343
Médaillon de Moliere, 94
Ménagerie, (la) 368
Metz, (la Ville de) 19
Meudon, Maison Royale, 370
Munick, (la Ville de) 5

N

Nancy, (la Ville de) 16

O

Observatoire Royal, (l') 196
Opéra, (l') 81
Ouvrages de Sculpture, de l'Abbé Zumbo, 185

P

Pajou, Sculpteur, 148, 191
Parlement, (le) 25
Perrier, (les sieurs) 156
Pigalle, Sculpteur, 13, 34, 36, 169
Pièces de Vers au sujet de M. le Comte de Falc-
    kenstein, 355
Phalzbourg, 16
Ponts & Chaussées, 000
Pont-neuf, (le) 52
Portail de Sainte-Genevieve, 176

Procès intenté par le Maréchal Duc de Richelieu, 248

R

RASTADT, 7
Revue des Gardes Françoises & Suisses, 262

S

SAINT-CLOUD, 371
Saint-Germain en-Laye, 370
Saint-Hubert, Maison Royale, 370
Savans, 275
Seaux, 371
Sorbonne, (la) 169
Soufflot, Architecte, 173, 232
Spectacles, 63
Statues du Louvre, 148
——— de Voltaire, 169
——— du Comte de Buffon, 191
Strasbourg, 7
Studgard, 5

T

TABLEAUX faits d'ordre du Roi, 144
Trianon, 101
Troupe des Grands Danseurs du Roi, 74

V

VATELET, de l'Académie Françoise, 344
Vaucanson, de l'Académie des Sciences, 299
Waux-Hall d'Hiver, 69
——— d'Eté, 70
Versailles, 366

Fin de la Table du premier Volume.

www.ingramcontent.com/pod-product-compliance
Lightning Source LLC
Chambersburg PA
CBHW060558170426
43201CB00009B/817